北京大学经济学院博雅新锐文丛

MARKET CONFIGURATION AND REGULATION
OF NETWORK INDUSTRIES:
THE CASE OF ELECTRICITY INDUSTRY

网络型产业市场构造与规制
以电力行业为例

林卫斌 ◎ 著

北京大学出版社
PEKING UNIVERSITY PRESS

图书在版编目(CIP)数据

网络型产业市场构造与规制：以电力行业为例/林卫斌著. —北京：北京大学出版社，2017.2
(北京大学经济学院博雅新锐文丛)
ISBN 978-7-301-27955-7

Ⅰ.①网… Ⅱ.①林… Ⅲ.①电力工业—产业市场—研究—中国 Ⅳ.①F426.61

中国版本图书馆CIP数据核字(2017)第012669号

书　　　名	网络型产业市场构造与规制——以电力行业为例 WANGLUOXING CHANYE SHICHANG GOUZAO YU GUIZHI
著作责任者	林卫斌　著
责 任 编 辑	杨潇宇　李　娟
标 准 书 号	ISBN 978-7-301-27955-7
出 版 发 行	北京大学出版社
地　　　址	北京市海淀区成府路205号　100871
网　　　址	http://www.pup.cn
电 子 信 箱	em@pup.cn　QQ:552063295
新 浪 微 博	@北京大学出版社　@北京大学出版社经管图书
电　　　话	邮购部 62752015　发行部 62750672　编辑部 62752926
印 刷 者	北京大学印刷厂
经 销 者	新华书店
	730毫米×1020毫米　16开本　14印张　220千字 2017年2月第1版　2017年2月第1次印刷
定　　　价	39.00元

未经许可，不得以任何方式复制或抄袭本书之部分或全部内容。
版权所有，侵权必究
举报电话：010-62752024　电子信箱：fd@pup.pku.edu.cn
图书如有印装质量问题，请与出版部联系，电话：010-62756370

序

20世纪70年代以来,英美等国在电力、电信、铁路、民航、燃气、供热等网络型垄断性行业中启动了以"打破垄断、引入竞争、减少政府直接干预"为主要内容的市场化、自由化改革。追根溯源,这场网络型垄断行业市场化改革除了政府直接干预导致低效率等问题外,也有产业组织理论发展的背景。

兴起于20世纪四五十年代,以SCP为分析范式的哈佛学派(结构主义)产业组织理论认为,集中的市场结构和进入壁垒会导致市场势力(market power)的滥用,从而降低行业发展的经济绩效。因此,对于市场集中度高、进入壁垒高的行业,应该加强政府干预以保障消费者利益和社会福利不受损害。第二次世界大战以后,各国相继对能源、交通、通信等具有自然垄断特征的基础产业和公用事业实施严格的政府规制,甚至通过国有化由政府直接经营。但是政府规制并没有根除垄断,反而导致了低效率;国有化则造成政府补贴不断上升,相关行业的国有企业长期亏损。

20世纪六七十年代,哈佛学派的结构主义产业组织理论及其政策主张受到来自芝加哥大学的Stigler、Demsetz等经济学家的尖锐批评。芝加哥学派提出的"效率假说"认为,更高的利润率可能来源于大企业的高效率而不是市场势力的运用,集中的市场结构是由企业行为和经济绩效内生决定的,政府规制可能是保护了落后而灭杀了效率。在芝加哥学派效率假说的基础上，Baumol、Bailey、Panzar 和 Willig 等经济学家在 20 世纪七八十年代提出了关于产业组织结构的可竞争市场理论，认为只要市场可以自由进入和退出，在位企业市场势力的运用就会受到潜在竞争的约束而无须政府干预。政府干预的重点应该是市场的进入和退出壁垒，干预的方式是剥离出决定市场进入或退出壁垒的沉淀性资产，比如电力行业中的电网、铁路运输业中的轨道、燃气供应业中的管网等。可竞争市场理论关于剥离沉淀性资产的政策主张成为各国垄断行业改革的"处方"，即把具有自然垄断特性的基础设施网络与具有竞争性的生产环节分离开，在生产环节引入竞争，政府重点干预基础设施网络环节。

从各国改革的实践效果看，在网络型产业中引入竞争的改革在降低生产成本、提高效率方面总体上取得了积极成效。但是也有失败的改革，其中最为典型的案例是美国加州电力改革引发了加州电力危机。正如美国电改专家 Joskow 所总结的，加州电力改革的失败主要缘于错误的市场设计。不同于其他一般性行业，网络型产业的特殊性在于生产环节所生产的产品或者所提供的服务需要通过基础设施网络传输给终端消费者，在传统纵向一体化的产业组织下，各环节之间的关系通过企业内部协调。为引入竞争的产业重组打破了这种内部协调关系，变为市场交易关系，而市场交易是有成本的。换言之，网络型产业市场化改革在提高生产效率的同时，增加了市场交易成本。这一点被可竞争市场理论所忽略。本书的主要创新点也正是在可竞争市场理论的基础上，引入交易成本理论，提出网络型产业不同制度成本权衡的"新马歇尔冲突"的理论假说，并指出网络型产业经济体制改革成败的核心在于产业重组后市场交易规则的设计，合理的市场设计可以最小化交易成本；如果市场交易规则不能很好地设计，则交易成本，特别是市场失灵造成的交易成本的增加可能会大于生产成本的节约，将导致网络型产业经济体制改革的失败。本书为理解、解释网络型产业市场化改革提供了一个很好的分析视角和框架。

本书是作者在博士学位论文的基础上修改而成。能够获得北京大学经济学院设立的专项用于优秀博士论文出版基金的资助，得以出版，在更广阔的范围内接受社会各界的指正，作为导师，我是十分欣慰的。建设有中国特色社会主义市场经济体制的改革已经推进到攻坚阶段,垄断性行业的改革已成为社会关注的焦点问题之一,如何进一步推进改革,有大量的相关理论和实践问题需要深入研究。在作者获得博士学位8年后这篇论文得以出版,如果能对相关理论和改革对策的研究起到些许作用,我想,这也是作者从本科到博士学习的所在地——北京大学经济学院所期待的。

2016年5月

前　言

本书是在我的博士论文的基础上修改而成的。论文综合产业组织经济学中的可竞争市场理论和交易成本理论，提出"新马歇尔冲突"假说，并构建了一个新的产业组织分析框架，以研究网络型产业（包括电力、电信、航空、铁路、天然气和自来水等行业）的市场构造与规制。基于新假说和新框架，论文深入研究了电力产业组织及其变迁，并在此基础上分析中国电力体制改革。之所以沉淀8年之久，是因为自以为论文侧重学理性探讨，特别是对电力市场化改革的研究主要是框架性的分析。本想结合近年来国际上电力市场运行及中国电力体制改革的最新进展，对论文进行全方位的修改，使之既包含框架性的分析，又包含细节性的论证，既有理论推演，又有经验证据，而后再出版。但是，我最终改变了当初的设想。主要原因是近年来社会上出现了大量关于深化中国电力体制改革的探讨，当然，其中不乏富有真知灼见的分析，但也充斥着一些人云亦云、似是而非的观点。甚至有些是基于利益得失的争论，而不是基于科学研究的独立客观分析。再者，从中国电力体制改革的相关政策和实际进展看，在顶层设计和政策举措上都还有进一步优化的空间。由此可见，在电力市场化改革方面，坚实的理论基础和清晰的逻辑框架，无论是对于政策分析者还是对于政策制定者，都有待进一步厘清。基于此，我最终选择分两步走。首先结合近年来的研究与思考，对博士论文进行修改，旨在从学理上厘清网络型产业组织变迁,特别是电力市场化改革的基本理论和总体框架;然后基于统一的理论视角和分析框架,结合国际上电力市场实际运行的经验和教训,探讨并论证深化中国电力体制改革的关键问题和政策选择。本书是第一步研究工作的成果。

相对于博士论文,本书做了较大的改动。首先在概念上把论文中的"政府管制"改为"规制",对应于英文"regulation"。作为政府干预经济活动的方式之一,regulation 在中国学术界通常被翻译为"管制"或者"规制",而在业界则通常称之为监管,如原国家电力监管委员会(State Electricity Regulatory Commission,SERC)等。结合近年来的研究思考,总体上感觉翻译为"规制"或者"监管"更加接近 regulation 的本来含义,即政府制定规章,并由专门的机构按照规章对微观经济主体的行为进行监督管理,对违反规章的行为进行处罚并强制执行,以此约束企业和个人的行为,解决市场失灵问题,规范市场交易秩序,或实现特定的政策目标。而"管制"在中文语境中有其特定含义,是指政府对某种行为的禁止、控制、管控等,比如"交通管制"、"枪支管制"等,对应于英文"control"。规制突出规章,强调照章办事,而管制则突出政府管控。在能源等领域,长期以来市场准入、投资和价格等方面的行政审批可以视为一种管制型经济,与成熟市场经济国家的规制型经济有着本质区别。这也就是为什么社会上会出现"放松管制、加强监管"的呼声,这种呼声直观地表明了管制和监管并不是同一个概念,呼吁的是放松政府管控,加强各种规章建设,并由相关部门监管,微观经济主体照章办事。基于上述理由,本书中采用了"规制"这一概念,对应于英文 regulation 的含义,也对应于业界监管的概念。

对于另一个核心概念"市场构造",书中进一步明确为三个层面的含义,一是市场主体的性质,这一层面的含义主要涉及政企合一的国有国营经济机制改革;二是市场结构,这一层面的含义主要涉及产业重组;三是市场运行机制,这一层面的含义主要涉及市场交易规则设计。

在理论假说上,本书提出了网络型产业组织的"新马歇尔冲突"。传统纵向一体化的网络型产业组织有助于节约市场交易成本,但是为解决垄断问题而采取的政府经营或者规制会造成政府失灵,可以称之为制度成本 B。为此要进行产业重组、打破垄断、引入竞争,但这会增加市场交易成本,或称制度成本 A。网络型产业中两种制度成本的权衡即为"新马歇尔冲突"。

本书包括三篇。第一篇是概念与理论，主要阐述网络型产业、市场构造和规制等基本概念，并在理论综述的基础上，提出网络型产业不同市场构造与规制下两种制度成本的权衡，即"新马歇尔冲突理论假说"。第二篇是进一步分析电力产业市场构造与规制，从市场构造与规制的视角分析在电力产业中引入竞争的基本原理和国际经验。第三篇是从市场构造与规制的视角分析中国电力体制改革的基本逻辑，包括产业重组前的电力体制改革、"5号文"与电力体制改革、"9号文"与电力体制改革三章。

目 录

第一篇 概念与理论

第一章 基本概念：市场构造、规制与网络型产业 … 3
 一、网络型产业 … 3
 二、规制——一种经济体制 … 6
 三、市场构造 … 10

第二章 关于市场构造与规制的理论综述 … 14
 一、完全竞争理论——效率基准 … 14
 二、结构—行为—绩效假说 … 16
 三、芝加哥学派的效率假说 … 18
 四、可竞争市场理论与市场构造 … 20
 五、产业组织的交易成本假说 … 27

第三章 理论假说："新马歇尔冲突" … 31
 一、模型的内生变量 … 32
 二、网络型产业市场构造与规制 … 33
 三、新马歇尔冲突：两种制度成本的权衡 … 40

第二篇　电力产业市场构造与规制

第四章　电力产业经济技术基本属性 …………………………… 47
　　一、电力系统概述 ……………………………………………… 47
　　二、电力系统的特殊性 ………………………………………… 52
　　三、电力产业的市场特征 ……………………………………… 55

第五章　电力产业组织基本模式 ………………………………… 61
　　一、传统的电力产业组织模式 ………………………………… 61
　　二、竞争性的电力产业组织模式 ……………………………… 65

第六章　电力产业组织变迁的经济机理 ………………………… 74
　　一、政府失灵与电力改革 ……………………………………… 74
　　二、电力改革与市场失灵 ……………………………………… 77
　　三、电力改革的政治经济学 …………………………………… 80

第七章　电力产业组织变迁中的市场构造与规制 ……………… 83
　　一、产业重组 …………………………………………………… 83
　　二、市场设计 …………………………………………………… 87
　　三、规制 ………………………………………………………… 91

第八章　电力市场构造与规制的国际经验 ……………………… 94
　　一、英国电力产业市场构造与规制变迁 ……………………… 95
　　二、美国电力产业市场构造与规制变迁 ……………………… 103

第三篇　中国电力体制改革

第九章　产业重组前的电力体制 ………………………………… 115
　　一、计划经济下的电力体制 …………………………………… 115

二、投资、管理体制改革 …………………………………………… 117
　　三、产业重组前的电力产业组织：市场化改革的初始条件 ……… 120
　　四、产业重组前的电力行业存在的主要问题：改革动机 ………… 121

第十章　"5号文"与电力改革 …………………………………………… 128
　　一、"5号文"颁发后电力改革进程概览 …………………………… 128
　　二、产业重组 ………………………………………………………… 130
　　三、市场设计 ………………………………………………………… 133
　　四、规制 ……………………………………………………………… 134
　　五、改革的局限性 …………………………………………………… 137

第十一章　"9号文"与电力改革 ………………………………………… 143
　　一、"9号文"出台的背景 …………………………………………… 143
　　二、"9号文"的改革思路 …………………………………………… 145
　　三、未竟的电力改革 ………………………………………………… 148

附件一　电力体制改革方案 ……………………………………………… 150

附件二　中共中央国务院关于进一步深化电力体制改革的若干意见 … 156

附件三　关于推进输配电价改革的实施意见 …………………………… 166

附件四　关于推进电力市场建设的实施意见 …………………………… 170

附件五　关于电力交易机构组建和规范运行的实施意见 ……………… 177

附件六　关于有序放开发用电计划的实施意见 ………………………… 182

附件七　关于推进售电侧改革的实施意见 ……………………………… 190

附件八　关于加强和规范燃煤自备电厂监督管理的指导意见 ………… 197

参考文献 …………………………………………………………………… 203

第一篇　概念与理论

- 第一章　基本概念：市场构造、规制与网络型产业
- 第二章　关于市场构造与规制的理论综述
- 第三章　理论假说："新马歇尔冲突"

第一章　基本概念：市场构造、规制与网络型产业

本章阐释了三个基本概念。第一个概念是本书的研究对象"网络型产业"，区别于其他产业，网络型产业包括生产环节和网络传输环节，生产环节所生产的产品需要通过有形的网络传输到终端消费。第二个概念和第三个概念是本书研究的核心问题，分别是"规制"和"市场构造"。其中，规制是政府干预、规范经济社会的手段之一，是一种经济体制。市场构造包括三个层面的含义：市场主体性质、市场结构和市场交易规则。

一、网络型产业

"网络型产业"共同的基本特征是其生产环节所提供的产品或者服务需要通过特定的网络传输给终端消费者，即在生产者和消费者之间存在一张有形的传输网络。比如，电力行业中发电厂所生产的电能需要通过输配电网络传输、配送给终端用户；电信行业中声音、视频等信号需要通过传输介质网络来传输；航空业中飞机在特定航线网络中飞行，并降落到特定的机场；铁路运输业中列车在轨道网络中运行；燃气、热水和自来水等供应业则需要通过特定的管道来输送产品和服务。

为了形象地考察"网络型产业"的组织结构特征,用图 1-1 表示这些行业生产和交易的基本过程。

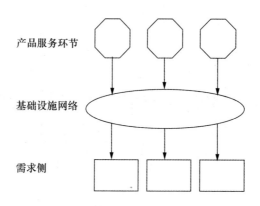

图 1-1　网络型产业生产交易示意图

如图 1-1 所示,在网络型产业中,一个完整的生产交易过程至少包括三个环节:一是提供产品或者服务的生产环节,二是提供传输服务的基础设施环节,三是终端消费环节。生产环节和基础设施环节具有完全不同的经济技术属性,但是,二者的有机结合才能构成一个完整的产业。因为生产环节所提供的产品或者服务必须通过传输环节的基础设施进行"网上"交易,甚至二者必须同时完成。比如,发电厂所生产的电能必须通过输配电网络传送给终端消费者在瞬间消费掉,铁路运输要求作为提供运输服务的列车和作为基础设施的轨道同步运行。

由于基础设施网络环节通常需要大量的固定资产投资并形成固定成本,而其提供传输服务的可变成本较低,传输网络环节具有典型的规模经济特征,它们通常被视为自然垄断产业,即在一个特定的区域范围内只由一家企业提供产品或者服务。尽管在不同的国家和地区一家企业所垄断的区域范围的大小不尽相同,但有一点是共同的,就是在某家企业垄断的区域范围内,供给者是唯一的,用户没有选择权。正如 Friedman 所指出的,这些行业的产业组织形式"只能在三种不幸(evils)中拥有一个选择:不受规制的私人垄断、受规制的私人垄断或政府经营"(Samuelson and Nordhous,1998)。在具体实践中,政府一般通过直接经营(比如在英国)或者对私营垄断实施规制(比如在美国)来控制包括产品市场准入、投资、成本、价格、产量和服务质量等企业行为和行业发展的诸多方面,企图以此克服这些行业的自然垄断所带来的低效率问题。这种格局一直持续到20世纪70年代。

20世纪70年代以来,国际上兴起了一股针对网络型产业的改革潮流,其主要内容是在传统的网络型产业中打破垄断、引入竞争,政府退出这些行业领域的经营,或者放松甚至取消对这些行业的经济性规制。比如在英国[①],20世纪70年代后期保守党执政以后,英国政府逐步开展对电信、煤气、自来水、电力和铁路等行业的私有化和自由化的改革。在电信行业,1984年英国电信公司(BT)被私有化,1991年双寡头垄断的电话业务被打破,允许自由进入,1996年BT被要求进行账户分离;在煤气行业,私有化不久后英国煤气公司被迫开放管道接入,并在1997年选择了业务分离;在电力行业,1990年开始对原有的中央发电局进行纵向拆分,并逐步私有化。另外,英国航空公司、英国石油公司等企业也实行私有化,它们受到较大的来自国内、国际竞争压力。

在美国,20世纪70年代后期以来,美国政府逐步解除了对交通、通信、能源市场发展的经济性规制。在航空业中,1978年美国国会通过了《航空业取消规制法》,逐步结束了民用航空委员会(CAB)规制市场进入、分配航线和制定价格的权力,允许航空公司自由进入和退出所有国内航线,并自由地决定可承担的运价;在通信业中,联邦通信委员会(FCC)取消了对有线电视、广播行业的规制,并通过分拆打破了贝尔电话系统的垄断地位;在铁路运输业中,1980年的《斯塔格斯铁路法案》(Staggers Rail Act)力图最大化地促进竞争,包括铁路运输内部的竞争和铁路与其他交通方式的竞争;在能源业中,解除了对原油价格和石油分配的规制,在电力产业中打破了传统的发电、输电、配电和售电纵向一体化的格局,在发电和售电等环节引入竞争。美国解除经济性规制提高了这些行业的运行效率,并使消费者从中受益。[②]

[①] 对英国私有化和自由化进程的详细分析请参考 Newbery(1999)。
[②] 在美国解除经济性规制方面,取得最大进展的是运输领域,尤其是商业性的民航产业,1996年的机票价格比受规制下的价格下降了22%,旅客一年为此省的费用估计达到1993年价格水平的120亿美元(Winston and Morrison, 1996)。关于美国在交通、通信、能源和金融市场方面接触经济性规制及其经济绩效影响的更详细内容请参考 Weidenbaum(1999)。

二、规制——一种经济体制

本书所要研究的问题的本质是经济体制问题。所谓"体制",是指经济社会活动中的系统性的组织方式或制度安排。① 比如,政治体制是政治活动的组织方式或者国家政权安排的制度体系,经济体制是经济活动的组织方式或者维持经济活动秩序的制度体系。对于经济体制,通常有市场经济体制和计划经济体制之分,前者以市场"无形之手"组织经济活动,后者以政府"有形之手"组织经济活动。当然,完全自由放任的市场经济和纯粹的指令经济只是经济体制的两个极端。正如完全竞争和完全垄断只是市场竞争形态的两个极端,在二者之间还存在不完全竞争(或垄断竞争)的状态。同样地,在完全依靠市场和完全依靠政府组织的经济活动的两种体制之间还存在市场和政府相互交织的中间状态。在现实中,各国采取的经济体制无一例外地都不是纯粹的市场经济或者计划经济,而是处于两种状态之间,经济活动同时受到市场和政府的调节,只是二者发挥作用的领域、强度、频率和程度有所不同。这也就是说"经济体制改革的核心问题是处理好政府和市场的关系"的原因所在。

市场和政府的"二分法"为我们理解经济体制的概念提供了一个最基本的分析视角。但是,在具体深入分析某个特定领域的经济体制问题时,二分法难以满足要求,因为它无法剖析市场与政府之间的体制状态,特别是政府通过何种方式和手段发挥调节经济活动的具体作用。Djankove、Glaeser、La Porta、Lopez-de-Silanes 和 Shleifer 等经济学家从"新比较经济学"的角度提出了分析经济体制的"四分法",即现实经济活动存在四种不同类型的体制或组织方式,分别是市场(market discipline)、法制(private litigation)、规制(regulation)和国营(state ownership)。

在只有市场起作用的纯粹状况中,经济主体不受任何政府干预甚至法律约束,

---

① 在"体制"和"机制"的一般提法中,体制通常是指组织架构,机制是指组织架构中各组成部分之间的相互作用原理。本书所说的体制包含了以上两方面的内容。

完全依靠市场的竞争力量和交易秩序调节自己的行为。比如，一个想在市场中长期经营的企业可能出于对市场声誉的考虑而保证产品质量。在完全国有国营的体制下，政府则包揽了一切经济活动，并依靠自上而下的科层制度和指令完成。法制和规制介于完全的自由化和国有化之间。在法制下，通过市场参与主体事后打官司来约束市场秩序①；而在规制下，政府事先制定规则明确市场主体应该做什么、不应该做什么，并通过专门的机构监督执行②。从市场、法制到规制、国营，政府的力量和干预程度逐步提高，而市场的作用则逐步减弱。当然，与市场和政府的二分法一样，在四种组织形式之间也同样存在大量的中间状态。即使是在同一经济领域，市场、法制、规制和国营等不同的组织方式并不相互排斥，可以（通常也是必须）同时发挥作用，形成相互叠加或协同作用下的某种交织状态。比如，完全依靠市场秩序的自由化世界会存在大量的无序行为，因此需要通过法律来维持市场秩序。成熟的市场经济需要完善的法制基础，许多不完全的合约关系需要通过普通法来调整。以市场自由竞争为主导、以法制维持市场秩序，是当今世界经济领域的主流体制模式。

上面的分析表明，规制是政府干预和控制经济社会的手段之一，主要通过制定规则、标准并监督执行的方式来约束企业与个人行为，规范市场与社会秩序，以解决市场失灵问题，实现特定的政策目标。换言之，规制是政府为实现理想的经济社会目标，规定微观经济主体应该做什么或者不应该做什么。作为一种纯粹的经济体制，规制与市场、法制和国营等其他经济体制模式在经济活动的组织方式上存在本质的区别。但同时，作为政府干预经济活动的方式之一，规制与其他经济活动的干预方式又是可以有机结合、协同作用的。

（一）规制与市场

有两种观点都是不准确的，一种观点认为规制是对市场的替代，另一种观点则

---

① 这里的"法制"主要是指经济主体通过法律途径（诉讼）解决问题，对应的是英文的"rule by the law"的概念，而不是"法治"或"rule of the law"的概念。
② 实际上，规制是一种政府干预企业行为的手段，政府还可以通过税收或者补贴等引导的方式间接影响企业行为。

认为规制的对象是市场,只有市场才有规制。早期的规制主要起源于19世纪末20世纪初对具有自然垄断的公用事业的规制与反垄断。比如在美国,1887年成立的"州际商务委员会"(Interstate Commerce Commission,ICC)是最早的联邦层面上的规制机构,负责规制铁路价格与线路。之后,逐步设置了大量独立的专业化的规制机构,加强对能源、通信、民航等行业的规制。规制的主要内容包括价格、投资和服务质量等。这种对自然垄断企业的规制意味着政府直接制定市场准入标准,制定产品和服务价格,同时需要核准企业的投资决策及产品质量。政府直接参与资源配置,在这一层面上,规制和市场交易是资源配置的两种可替代方法,是两种不同的经济体制。正是在这个意义上,Kahn(1970)认为"规制的实质是政府命令对竞争的明显取代,作为基本的制度安排,它企图维护良好的经济绩效"。

但是,在现代经济中,政府对市场经济活动的干预和参与日益多样化,范围也日益广泛,规制也具有日益丰富的内容。对自然垄断企业的规制并不是规制发挥作用的唯一范畴,规制也不必直接参与资源配置。规制还可以建立允许市场配置资源的机制的运行规则,比如在证券领域的规制要求企业披露相关信息。在这样的情况下,正如法律一样,规制是市场交易的补充和基础。由此可见,规制与市场并不是单一替代或者互补关系。在竞争缺失的情况下(自然垄断),需要规制制度来替代市场竞争,而在不完全竞争下,需要规制来规范市场秩序、降低交易成本,提高资源配置效率。

(二) 规制与法制

法律是市场秩序的不可或缺的补充,成熟的市场经济需要完善的法制基础。但是,法律的问题在于立法的程序与法律的执行都颇费成本,又变化缓慢,难以适应新的经济情况。在某些情况下,规制能为市场提供一个比普通法成本更低的规则基础。与司法的规则相比,规制所提供的规则不但能降低成本,而且能带来更有效的资源配置。由此可见在某些领域,规制与法律一样都为市场有效运行提供了规则基础,是普通法的有效替代和补充。特别是在法制基础比较薄弱的国家和地区,规制可以在规范市场秩序方面发挥更大的作用。规制更多的是事前约束和事中监督管理,而法律则更多的是事后起诉与判决。当然,在实践过程中,二者可以交叉运用,规制不必拘泥于命令和控制的传统形式,也可以借助普通法的形式和程序,制定公共规则,然后借助司法系统来执行规制规则。

(三) 规制与税收、补贴

税收和补贴是政府应对市场失灵、实现特定经济社会目标的另一种主要政策工具。比如,对于温室气体排放问题,政府可以通过规制的方式设定排放标准,并监督企业执行;也可以通过对排放征税的方式,间接影响并调节企业的排放水平。在规制体制下,企业必须按照政府设定的排放标准进行排放,缺乏相应的自主权;在税收政策下,企业可以根据排放的边际收益和边际成本自主决定排放量。斯蒂格利茨(Stiglitz)把规制看成是一种数量干预方式,而把税收和补贴看成是一种价格干预方式,二者的制度成本不同。规制明确要求企业做什么或者不做什么,具有较强的控制力,但是发生政府失灵的可能性也较大,在许多情境下被认为具有更高的制度成本;而税收和补贴政策则更多地是以市场为基础(market-based)的干预方式,但前提条件是市场可以有效发挥作用,否则发生市场失灵的可能性就比较大。

(四) 规制与国营

在完全国有国营的体制下,政府包揽了一切经济活动,并依靠自上而下的科层制度和指令完成。在这样的情况下,公共部门作为政府的组成部分,对上一级行政主管部门负责或者直接对立法机构负责。规制与国营的主要区别在于,在规制体制下,政企分开,企业专司生产经营职能,政府制定公共的规章制度规范企业行为,矫正市场失灵。而在国营体制下,政企合一,公共部门或者国有企业既承担生产经营职能,又承担政府职能,政府实现政策目标的方式是直接协调和控制国营企业或者公共部门的行为。通常地,在议会制国家公共部门或国营企业的投资、产量和价格等由议会审批;而在行政主导体制下,公共部门或国营企业的投资、产量和价格等则由上级行政部门审批。

需要强调的是,尽管在规制体制下和国营体制下,政府都直接干预企业行为,但二者是有本质区别的。规制的对象是按照市场经济规律办事的真正的商业化企业,规制机构与企业具有显著不同的目标函数。企业追求利润最大化,规制机构则旨在抑制企业的市场势力、解决市场失灵、规范市场秩序。而在国营体制下政府对企业行为的直接干预则是一种内部协调机制。国营企业不以追求利润最大化为目标,其行为在很大程度上体现着政府的政策意图,当然,也有其特定部门利益。管理机构和国营企业之间的关系是部门间(或被形象地称为"兄弟间")的行政协调关系,而不是规制与被规制的关系。比如,在美国,田纳西等水电管理局直属能源部,不受规制机构监管。另外,在中国计划经济体制下,各国营部门政企合一,国家计委作为综合协调部门主管价格和投资,计委与各国营部门之间的关系是一种内部协调而不是规制与被规制的关系。

三、市场构造

前面的分析表明,规制是一种经济活动的组织方式,是一种经济体制。除了规制外,典型的经济体制还包括自由放任的市场经济、以法制为基础的市场经济、国有国营等。在20世纪70年代之前,网络型产业经济体制主要包括两种,一种是规制体制,一种是国营体制。而20世纪70年代以来国际上网络型产业经济体制改革的方向则是由国营体制向规制体制转型,或者由规制体制向以法制为基础的市场经济转型。

在不同的经济体制下,政府和市场的关系是不一样的,政府发挥作用的具体方式和手段也会存在较大差异,这必然会形成不同体制下的市场构造,主要包含三个层面的问题:一是市场主体,二是市场结构,三是市场运行机制。市场主体指的是谁在市场中提供产品和服务,市场结构决定了市场主体之间的竞争关系,而市场运行机制则是市场主体行为的激励约束机制。政府和市场的关系也主要体现在三个方面,即政府与市场主体的关系,政府对市场结构和市场运行机制的影响(见图1-2)。

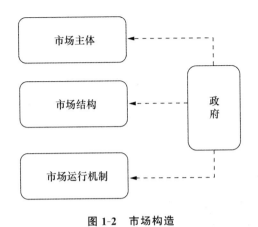

图 1-2　市场构造

（一）市场主体的性质

市场主体是市场上产品或者服务的提供者。在不同的经济体制下，市场主体与政府的关系也不同。在政企合一的国营体制下，提供产品或者服务的国有企业本身就是政府的组成部分，具有经济、社会和政治等多重目标和利益，既承担生产经营职能，又承担政府职能，其行为在很大程度上体现着政府的政策意图，而不是完全按经济规律办事的商业性质的企业，政府可以直接协调和控制国营企业或者公共部门的行为，实现既定的政策目标。在市场或市场加法制和规制的经济体制下，市场主体是追求利润最大化的商业化企业。虽然政府会通过法制和规制来约束和干预企业的行为（比如，政府通过规制，规定企业应该做什么、不应该做什么，并对投资和价格等企业微观行为进行干预），但是就二者的关系来讲，政企是分开的，企业专司生产经营职能，追求利润最大化，政府则基于公共利益考虑，制定相应的规章制度，规范企业行为，矫正市场失灵。

需要特别强调的是，市场体制在市场主体的所有权性质上并不必然排斥国有化。国有企业也可以作为市场主体。在这种情况下，政府与企业的关系具有双重含义：一是政府作为所有者行使股东或出资人的权利，二是政府对一般市场主体行使的职能。在前一种关系中，政府的职责是确保国有资本保值增值，追求利润最大化；在后一种关系中，政府的职责是确保公共利益，克服市场失灵，追求社会福利最大化。政府的这两方面职能在国有国营体制下是不加区分的，而在国有企业进行商业化经营的市场体制下,政府的这两种角色不仅是可分的,而且是必须加以区分的。

(二) 市场结构

市场结构是影响市场主体竞争关系的市场组织特征,主要包括市场的进入条件和市场的集中度两大方面。前者决定了在位企业间的实际竞争关系,后者决定了潜在竞争关系。在高度集中的国营体制下,整个行业都隶属于一个部门,行业的准入受严格的行政审批限制,事实上是一种行政垄断的格局。而在完全自由放任的市场经济中,政府不施加任何影响,市场的进入和退出都是完全自由的,市场中企业的数量和规模取决于行业的技术经济属性和企业自身的经营效率。企业不仅需要参与市场中在位企业的实际竞争,还受到潜在进入者的潜在竞争。在介于完全自由市场和国有国营体制之间的经济体制下,政府可以通过法制或者规制影响市场结构。由于企业进入和退出市场需要满足规制规章中关于市场准入和退出的标准和要求,经过审查符合标准的企业方能获取规制机构颁发的营业许可证,因此市场结构在很大程度上取决于规制机构的准入标准。比如,在具有自然垄断技术经济属性的领域,规制机构通常实施特许经营制度,让一家企业在政府规制下垄断经营。

(三) 市场运行机制或交易规则

市场运行机制是协调市场微观主体行为的作用机制,又称市场交易规则。在纯粹的市场经济体制下,市场的运行机制主要是市场的竞争机制和被称为"看不见的手"的价格机制,企业生产什么、生产多少、为谁生产等都是企业根据市场竞争状况和市场价格信号决定的。完全依靠市场秩序的经济体制会产生大量的无序行为而导致过高的制度成本,因此需要通过法律或规制来维持市场秩序。比如许多不完全的合约关系需要通过普通法来调整。完善的法制是成熟市场经济必不可少的组成部分。

作为运行机制或协调机制,国有国营体制是通过自上而下的科层式指令运行的。在议会制国家,公共部门或国营企业的投资、产量和价格等通常由议会审批;

在行政主导体制下,公共部门或国营企业的投资、产量和价格等则由上级行政部门审批。

在规制体制下,市场运行和作用方式是规制机构在颁发给企业的营业许可证里明确规范企业在市场中应该做什么、不应该做什么,即市场交易规则由规制机构制定,市场交易主体在特定的交易规则下进行交易。在特许经营的领域,企业的投资、成本和价格等均需由规制机构决策。这种体制和国有国营体制的区别在于:企业是追求利润最大化的市场主体,政府与企业不是上下级关系或内部行政协调关系,企业间是市场竞争关系而不是国营体制下国营企业间的部门关系或"兄弟关系"。

第二章 关于市场构造与规制的理论综述

关于一个行业的生产和交易如何组织以及政府在产业组织中如何发挥作用,一直是产业组织经济学研究的出发点和基本主题。本章对产业组织经济学发展历程中关于行业的生产和交易如何组织以及政府在产业组织中如何有效发挥作用的理论进行综述和检讨,为进一步提出关于市场构造与规制的新的产业组织分析框架做理论准备。

一、完全竞争理论——效率基准

早在古典经济学时期,亚当·斯密(Adam Smith,1776)就指出竞争的力量将使市场价格等于自然价格,这里的自然价格是指生产要素的成本。换言之,自由竞争将使产品的市场价格趋于其生产成本,"各商人之间的竞争使他们都得接受这个价格,但不使他们接受更低的价格"[①]。在近一个世纪的时间里,斯密的关于竞争将使价格与成本在总体上保持一致的假说一直没有受到挑战,且被大量细致的研究所发展。特别是随着边际分析方法的引入和不断完善,斯密的假说逐渐被发展

---

① 亚当·斯密:《国民财富的性质和原因的研究》,北京:商务印书馆,2004年中文版,第52页。

成为新古典经济学的核心分析框架——完全竞争理论。在完全竞争条件下,市场竞争将使价格等于边际成本和平均成本,生产在平均成本最低处进行,企业没有超额利润,市场出清,社会福利最大化。在自由竞争将实现社会福利最大化的完全竞争理论假说下,在政策层面上反对政府直接干预经济活动,而主张政府作为"守夜人"的角色维护市场竞争秩序。

不过,完全竞争作为一种理想的市场结构,显然对现实经济世界做了过多的抽象。特别地,到19世纪后期20世纪初期,资本主义经济逐步由自由竞争走向垄断,企业规模不断扩大。具体到产业层面上,企业数目减少,市场份额不断扩大,市场结构由分散逐步走向集中。美国因此出台了限制垄断、促进竞争的三部法案,即1890年的《谢尔曼法》(Sherman Act)[①]、1914年的《克莱顿法》(Clayton Act)和1914年的《联邦贸易委员会法案》。完全竞争作为一种抽象条件下的理论假说,其所要求的条件在现实经济运行中无法得到满足,使得抽象的一般化理论与现实世界的具体实践之间产生了一道鸿沟。为了弥合这道鸿沟,经济学家"向完全竞争模型中加入了现实世界的摩擦,譬如有限的信息、交易成本、调整价格的成本、政府行为、新企业进入某个市场的壁垒"等,对企业与市场"采取了一种更贴近、更现实的观察,如实描绘"(Calton and Perloff, 1994),并形成了一门应用微观经济学的关于产业组织与规制的学科,即产业组织经济学。产业组织经济学考察产业中的企业如何组织、如何在现实经济条件下进行可行的竞争,它让我们理解一个经济中各产业的结构、行为与绩效以及政府的公共政策。[②] 不同的产业组织分析方法基于不同的视角和分析框架,得出了关于"企业行为、其与市场结构和市场演变进程的密切关系以及相关公共政策"的不同的理论假说。

[①] 值得注意的是,《谢尔曼法》的立法与经济效率无关,而是为了限制经济权力的行为,保卫政治自由。参见 Neale and Goyder(1982)。

[②] 从广义上讲,产业组织经济学是与市场联系着的不宜以标准教科书上的竞争模型来分析的经济学领域,参见 The New Palgrave Dictionary of Economics, Vol.2, Stockton Press Ltd. 1998, p.803。从狭义上讲,产业经济学是微观经济学中主要关注企业行为、其与市场结构和市场演变进程的密切关系以及相关公共政策的广泛领域,参见 Schmalensee and Willig(1989)。

二、结构—行为—绩效假说

产业组织经济学的早期研究者① Mason 和 Bain 通过对美国市场结构的研究发现,在许多产业中生产相对集中于少数几家大企业。在生产投入物市场上,买方数量通常也较少,这些集中的市场从逻辑上来说应该属于寡占市场,这种观察到的现实市场与传统的竞争模型把买者和卖者都当成价格接受者的做法是不相符的。为此,他们试图把理论运用与经验研究结合起来,为产业经济的经验性研究寻求一个可靠的理论范式以弥合理论与现实之间的鸿沟,并建立了"结构—行为—绩效"(SCP)分析范式。

"结构—行为—绩效"分析范式的中心假说是可观察到的市场结构决定该市场中企业的行为,而在给定的市场结构的特征条件下,市场中的企业行为决定了行业运行的经济绩效。可观测的市场结构被作为外生变量来处理,而企业的行为和行业的经济绩效则作为内生变量,企业的行为在不同市场结构中具有不同的特征,这也决定了不同市场结构中经济绩效的不同。尽管反对运用需求弹性和边际成本等现实中不可直接用来统计的变量来发现市场势力的存在及其存在的根源,但 SCP 范式仍然把完全竞争作为效率基准,而视垄断为无效率的产业组织方式,现实世界中的所有市场状态则分布于这两种极端的市场中间。如果一个市场上存在众多的企业,则该产业被认为是具有竞争性的,反之,如果市场上仅存在少数的几家甚至只有一家企业,则该产业的市场具有寡占甚至垄断的特征。在集中度高的市场中,企业拥有较大的市场份额,可以运用其市场势力控制产量,并把价格定在高于竞争性的价格水平之上,以此来获得超额利润。但是生产者偏离完全竞争的定价和产量策略却降低了社会福利,损害了行业运行的经济绩效,因为完全竞争市场被认为是社会福利最大化、经济绩效最优的市场类型。

在考察市场结构时除了关注买方集中度外,SCP 范式还强调市场的进入条件

---

① 有学者认为产业组织研究的理论渊源可以追溯到斯密关于市场竞争的理论;另有学者认为产业组织理论起源于马歇尔。

的重要性。卖方集中度反映了在位企业面临的来自现有市场内的企业的竞争程度,而市场的进入条件则反映了在位企业面临的来自潜在的进入者的竞争程度。Bain(1956)提出了著名的"集中度、进入壁垒和利润率假说":市场集中度与企业的盈利性之间、进入壁垒和企业的盈利性之间存在系统的相关关系;市场的集中度越高,在位企业的利润率就越高;当市场的进入变得更困难时,在位企业的利润率就会上升。不过,这样的产业意味着市场竞争不充分,降低了行业运行的经济绩效,主要表现在:企业的平均利润率永久性地高于正常的盈利水平;许多企业的规模大大超出了最优的区间,长期维持过剩的生产能力;在采用降低成本的技术创新方面持续滞后或者持续地压制对消费者有利的产品创新;等等。

综上所述,"结构—行为—绩效"假说把市场结构作为决定市场中企业行为和行业经济绩效的外生变量。不同的市场结构决定了不同产业的企业行为和经济绩效的差异。完全竞争的市场结构被作为最优效率的基准。因此,SCP 范式提出了鲜明的反垄断与反托拉斯政策建议,把市场集中度和盈利水平作为市场势力是否存在的指示器,构筑竞争性的市场环境,对于具有寡占或者垄断特征的产业实施严格的规制,规制的内容包括价格、市场准入、成本、投资和服务质量等。传统产业组织理论由此在二战后、20 世纪 70 年代之前成为反垄断反托拉斯政策和规制的理论依据。在美国,州际商务委员会(ICC)、联邦能源规制委员会(FERC)、联邦通信委员会(FCC)和民用航空委员会(CAB)等四大联邦规制机构分别对美国的铁路、部分海运和货运、电力、天然气管道运输、电话系统、电视、广播、电报和民航等行业进行经济性规制。另外,上述这些行业还受到不同程度的州层面的规制。在英国,能源、交通和通信等行业在二战后都被国有化,政府直接进行垄断经营。

"结构—行为—绩效"假说提供了一套体系完整的框架对产业组织问题进行综合分析,提出了产业组织分析中的 5 个核心变量:市场基本条件、市场结构、企业行为、经济绩效和政府政策。这为我们的研究在组织材料和构建分析框架上提供了基本变量。不过,"结构—行为—绩效"假说把产业的市场结构作为既定的外生变量,把研究的重点放在了实证地考察集中度、进入壁垒等市场结构的特征对经济绩效的影响上。而本书所要解释的核心问题是产业组织的决定因素,即产业的市场结构与规制是如何内生的,这就要求重新审视"结构—行为—绩效"假说中各变量之间的逻辑关系。① 另一方面,SCP分析框架一般在一个完整的产业范围内考察市场的横向结构,对于交通、通信、能源等诸多网络型产业来说,各个环节之间的纵向结构以及每个环节内部的横向结构显然需要有更为细致的分析。

三、芝加哥学派的效率假说

芝加哥学派继承了Knight以来芝加哥大学经济自由主义和社会达尔文主义的传统,信奉自由市场经济中价格机制的作用,认为市场结构、行为、绩效是市场力量自由发挥作用的结果。针对哈佛学派SCP范式提出的集中的市场结构是导致高利润的原因的假说,芝加哥学派提出"效率假说"。虽然芝加哥学派与哈佛学派同样地观测到集中度与企业特别是大企业的利润之间的正相关关系,但是对这种正相关关系的解释,芝加哥学派却与哈佛学派完全相反。他们认为盈利性与集中度的正相关关系反映了大企业的高效率而不是市场势力的存在与运用。"利润不是由于企业减产引起'人为的稀缺'造成的,利润也不是由于串谋而产生的。高的绩效水平可以归因于极大的不确定性加上运气或者是企业管理层的远见卓识。"(Demsetz,1973)在芝加哥学派看来,并不是集中的市场结构决定了市场中企业的行为和绩效,而是相反,市场结构是内生的而不是外生的。由于大企业的高效率可使其获得较高的盈利,市场竞争的结果必然导致企业规模的扩大和市场集中度的提高,集中的市场结构是由企业的行为和经济绩效决定的。芝加哥学派经济学家关于集中的市场结构与企业盈利性之间相关性的效率假说反映在政策建议上,就是不能把集中度、盈利性等指标作为判断是否应该实施规制的指示器。

在分析方法上,芝加哥学派主张把价格理论模型作为分析市场的基本工具,基于价格理论模型对企业行为和经济绩效进行解释。正如先前关于产业经济的经验性研究被Bain等人指责为一个描述性的和逻辑上并非必然的领域,SCP范式同样逐渐地被芝加哥学派认为是描述性的而不是分析性的,并且不具有逻辑上的必

---

① 20世纪70年代以来在这些传统的垄断性行业中放松规制的产业组织与规制变迁的潮流无疑否定了SCP分析方式的基本逻辑。

然性。

芝加哥学派关于产业组织的论述更多的是批评性而不是建设性的,并没有建立一个与SCP范式同样完整和成熟的分析框架,这给产业组织论的发展留下了空间。从各国产业发展的实践看,第二次世界大战以后到20世纪70年代国际上制造业产业组织演进的趋势是企业规模越来越大,所占的市场份额越来越大,产业的集中度越来越高。到20世纪70年代,许多行业的市场结构越来越趋向寡占甚至垄断的特征。这种产业组织结构的演化是市场竞争的结果,伴随着这种集中度提高的并不是企业获取超额利润、社会福利水平下降,而是经济绩效的不断提升、产业竞争力的不断加强和社会福利水平的不断改善。面对这种寡占市场中的现象,传统的产业组织的解释能力受到了挑战。实践过程中出现的新现象也需要发展的产业组织理论进行解释。为此,产业经济学家在理论创新上进行了探索,使得在20世纪70年代初到80年代初产业组织理论发展进入了又一个黄金时期。

区别于传统的产业组织,新的产业组织理论最根本的在于运用价格理论分析具有产业特定性的问题,价格理论的三项特殊理论运用在产业组织的研究中赢得了大量支持,并有助于解释结构、行为和绩效,它们是博弈论、可竞争市场理论和交易成本理论。根据对传统产业组织理论的超越情况,可以把新的产业组织理论分为两个主要的分支。第一个分支主要是在分析工具和研究方法上的创新,即运用博弈论的各种寡占理论。博弈论的引入使产业组织理论研究拥有一个统一的方法,同时也为经验研究提供了准确的函数形式,运用博弈论构建各种寡占模型来解释企业策略性行为已经日益成为产业组织分析的主流。[①] 但是,博弈论分析框架并不追求一般性,其模型通常建立在一系列精细的、特定的具体假设上,他们对均衡的预测也相应地是特定的,任何前提假设条件的细小变化都会导致结论的改变。比如,在基本的寡占模型古诺模型和伯特兰德模型中,都对市场结构(包括企业数量和产品差异化程度)及企业决策变量的选择做了详细的前提假设。而本书在解释产业组织结构的变迁,即解释市场结构是如何内生地形成时,外生只有偏好和技

---

① Cable et al.(1994)认为新产业组织学研究已经转向以行为为核心,结构与价格、产量、利润和福利一起作为均衡的一个组成部分,而这一均衡由偏好、行为和技术共同决定。

术。另外，受博弈论方法自身的限制，其应用在经验性研究上特别是在那些与公共政策直接相关的问题的研究上至今仍难有显著的成果，这使得该类模型在面对20世纪70年代以来的反托拉斯政策和针对传统垄断性行业的规制体制的革命性变化时缺乏解释能力。

20世纪70年代以来，产业组织理论创新的另一个方面是具有革命性的，在理论假说、研究重点、研究方法等方面都有别于传统产业组织理论。根据芝加哥学派对"结构—行为—绩效假说"的批判，集中的市场结构并不必然导致厂商拥有市场势力，并运用市场势力提高价格获取垄断利润。市场结构的形成本身是市场通过自由竞争的进化的结果，是效率使然。换言之，市场结构是内生的。由此，一批产业经济学家开始把研究的重点从传统的从市场结构出发，解释市场中包括企业行为和经济绩效的种种产业经济现象，转向解释产业的市场结构，即运用价格理论研究产业组织结构是如何内生形成的，并由此得出了不同于SCP范式的关于规制的政策主张。关于产业组织结构的新的产业组织分析又包括可竞争市场理论和交易成本分析方法两种。其中，前者主要解释产业的横向组织，后者主要解释产业的纵向组织。

四、可竞争市场理论与市场构造

在芝加哥学派效率假说的基础上，Baumol、Bailey、Panzar 和 Willig 等人在20世纪七八十年代提出了关于产业组织结构的可竞争市场理论。这项理论创新源于1970年 Baumol 关于一个多产品垄断企业在产品间是否存在交叉补偿支付的检验，关于这个检验的讨论催生了成本的次可加性（subadditivity）和产业市场结构的可维持性（sustainability）等概念。对于成本函数特别是多产品企业的成本函数的进一步研究和市场结构的可维持性的进一步探讨则确定了潜在进入（potential entry）在决定产业的组织结构与经济绩效方面的核心地位。1978 年 Baumal 和 Fischer 开始运用上述概念和视角上的创新探讨特定产业成本函数下的最优产业市场结构，即最小化生产成本的企业数目。Willig(1980)在研究邮政问题时首次提出了可竞争性（contestability）的概念，他发现理想的市场类型，即进入和退出都是自由的完全可竞争市场可以解决的邮政业的效率问题。1982年Baumol、Panzar和Willig等人在《可竞争市场与产业结构理论》一书中系统阐述了可竞争市场理论。

(一)可竞争市场理论的前提假设

所谓可竞争市场是指潜在进入者可以自由进入或退出的市场,在完全可竞争(perfectly contestable)市场中,潜在的进入威胁与在位企业之间的实际竞争一样可以有效地约束在位企业的价格和产量策略等行为,确保合意的有效的经济绩效的实现。完全可竞争市场必须满足以下几个主要条件:

(1) 没有进入壁垒。潜在的进入者能够与在位企业拥有同样的市场需求条件和生产技术,这意味着潜在的进入者在进入市场时,不需要承担在位企业并不承担的进入成本,即不存在Stigler意义上的进入壁垒。

(2) 没有退出壁垒。进入者可以没有成本地退出市场,即不存在沉淀成本(sunk costs)。

(3) 存在不对称的时滞。在位企业对新的市场进入的价格反应(包括报复性定价)的时滞长于进入者可以退出市场的时滞。换言之,在位企业针对新的市场进入者采取报复性措施之前,进入者已经赚取了一定数量的超额利润,并无成本地安全退出市场。

上述三个假设条件意味着,在完全可竞争市场中,如果市场上存在获利机会,即在位企业把价格定在竞争性水平之上,潜在的进入者就可以在没有效率劣势的情况下进入市场,并通过略微降低产品价格占领市场份额以获得超额利润。如果在位企业对此做出价格反应,则进入者可以无成本地安全退出市场,并在其他市场上继续寻求获利机会。这种游击型的"打了就跑"(hit-and-run)的进入作为一种进入威胁,约束了在位企业的定价行为。

相反,如果市场上的在位企业具有潜在的进入者所不具备的成本优势,就形成了市场的进入壁垒,这种进入壁垒为在位企业提供了一个价格保护伞,使得它们得以通过制定非竞争性价格获得超额利润而免受进入威胁。另外,如果存在退出成本,由于存在可能遭受在位企业的报复性定价,即使市场上存在获利机会,潜在的进入者也可能不会进入市场。由于新的进入者需要承担沉淀成本而在位企业不需要,沉淀成本构成了主要的进入壁垒。同时,由于沉淀成本使得进入者无法零成本地退出市场,构成了主要的市场退出壁垒,因此,沉淀成本就成为影响一个市场的可竞争性的核心因素。

(二) 可竞争市场理论的命题与推论

根据假定,完全可竞争市场的最终均衡是可维持的市场结构(sustainable market configuration),在"打了就跑"的进入威胁下,① 不存在超额利润,价格等于平均成本;② 不存在无效率生产;③ 生产成本最小化,社会福利最大化。

那么最优的均衡市场结构是如何确定的呢?在可竞争理论分析框架中,成本函数成为决定一个产业的市场结构、企业行为和经济绩效的核心因素。在分析一个产业时,首先需要考察该产业的技术特征和需求特征。行业的结构、行为和绩效由技术和需求同时地、内生地决定。考虑一个平底的(flat-bottom)平均成本曲线技术。①

如图 2-1 所示,代表性企业的最小最优效率规模为 y_m,最大最优规模为 $(1+k)y_m$。由此,可以推导出行业平均成本曲线中水平的那部分,如图 2-2 所示。

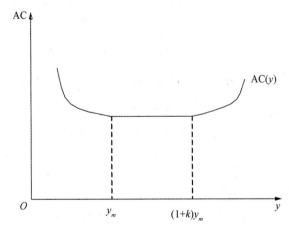

图 2-1 代表性企业的技术特征

---

① 该技术特征由 Joe S. Bain 于 1954 年首先进行检验,并获得了随后的 30 年的大量的经验证据。参考 Scherer(1985)的讨论。

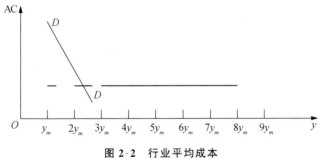

图 2-2 行业平均成本

用 v 表示满足 $vk \leqslant 1$ 的任何整数，h 表示满足 $hk \geqslant 1$ 的最小整数，当行业的产量 y 落在区间 $[vy_m, v(1+k)y_m]$ 和 $[hy_m, +\infty]$ 内时，行业的平均成本曲线是水平的。如果行业的需求曲线与平均成本曲线相交于此区间内（见图 2-2），即当 $\left(\dfrac{y}{y_m}\right) \Big/ \left[\dfrac{y}{y_m}\right] \leqslant 1+k$ 时，其中，$\left[\dfrac{y}{y_m}\right]$ 表示不大于 $\dfrac{y}{y_m}$ 的最大整数，该产业的市场结构是可维持的，生产在平均成本最小处进行，价格等于边际成本，等于平均成本，社会福利实现最大化。

如果一个行业的技术特征和需求特征决定了该行业最优的市场结构是单一企业垄断，如图 2-3 所示，行业的需求曲线与单个企业的成本曲线相交于 A 点。由于存在规模经济，如果按照边际成本定价，则企业的生产成本不能得到补偿。在完全可竞争条件下，可行的市场定价为 $p^0 = \mathrm{AC}(y^0) \geqslant \mathrm{MC}(y^0)$。

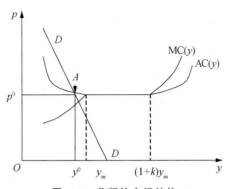

图 2-3 垄断的市场结构

综上所述，大多数行业的技术特征和市场需求条件决定了原子型的市场结构是不可行的，但这并不会阻碍价格机制这只"看不见的手"发挥有效配置资源的作用。在市场进入和退出完全没有壁垒的条件下,潜在竞争与实际竞争一样有效地约束了在位厂商的行为。在多企业的市场结构中(至少拥有两家在位企业),可维持的价格必须等于边际成本和平均成本。在垄断的市场结构中,垄断企业也不能获得超额利润,不过此时为了确保企业财务上的可行性(financial viability),价格应在边际成本之上。

(三) 关于市场构造与规制的政策主张

发展起可竞争市场理论的主要经济学家声称他们的理论创新是一种对传统产业组织结构理论的"起义"(uprising)或者说"谋反"(rebellion)。[①] 与传统的产业组织理论相比较,可竞争市场理论的确具有"谋反"性的特征。

(1) 传统的产业组织分析把市场结构作为外生变量,并遵循市场结构决定企业行为和行业经济绩效的逻辑。而在可竞争市场理论中,市场结构是内生变量,结构、行为和绩效是由行业的技术特征和市场需求条件等因素内生地、同时地决定。

(2) 传统的产业组织分析把完全竞争作为福利最大化的产业组织结构基准。而可竞争市场理论则把完全可竞争性作为效率基准。

(3) 传统的产业组织分析则认为产业的集中度是影响经济绩效的一个重要变量。而可竞争市场理论则认为最优的企业数目是由技术特征和需求条件决定的,集中度不能作为衡量标准。市场的可竞争性,即潜在的竞争威胁的大小才是影响经济绩效的决定性因素,而不管行业的集中度如何。

基于以上三点"谋反"性的特征,可竞争市场理论在关于规制政策上提出了全新的理念,并深刻影响了市场构造。根据可竞争市场理论,在完全可竞争的市场中,即使是在偏离完全竞争的寡占甚至垄断的市场结构下,"看不见的手"同样可以有效发挥资源配置的作用,生产成本最小化,不存在无效率生产,不存在超额利润,价格等于平均成本,社会福利最大化。集中度高、价格歧视、多元化兼并、纵向与横向一体化等传统的作为经济绩效的指示器在可竞争的市场中并不引致规制和反托拉斯政策的需求。因此,政府应该取消经济规制,特别是市场准入规制和价格规

[①] 1981 年 Baumol 在美国经济学会(AEA)的主席就职演说上提出,亦参考 Baumol(1982)。

制。只有当市场是不可竞争时,并由此存在垄断势力时,才需要政府干预以增强社会福利。对于具有垄断势力的行业,规制政策的重点也应该发生变化,政府应该从传统的市场准入规制和价格规制转向促进市场的可竞争性的规制,因为是由于市场的不可竞争性导致了市场势力而不是市场集中度。具体地,就是要把沉淀成本设施(sunk-cost facilities)剥离出来,由政府或者市场参与者联盟所共同拥有,并向所有的市场参与者公平开放准入。

(四)评价

可竞争市场理论从生产成本的角度来解释产业的组织结构,认为最优的市场结构是基于生产成本最小化考虑。市场结构与企业行为、经济绩效一样同时被内生地决定,它们由行业的供给和需求两个方面的市场基本条件决定。市场集中度本身不能作为衡量市场势力的指标,集中度是内生的,是效率使然,是为了实现规模经济条件下的生产成本最小化。因此,判断一个产业是否具有竞争性,关键是看该市场是否存在进入和退出壁垒,而不是看产业的集中度;判断一个产业的可竞争性,主要是看该产业是否具有沉淀成本,因为沉淀成本阻碍了市场的自由进入与退出。市场势力的存在是由于市场的不可竞争性,即由于沉淀成本的存在造成了市场进入壁垒。在可竞争的市场下,潜在的竞争可以约束市场势力的运用。由此,可竞争市场理论吸收了芝加哥学派关于产业组织结构的效率假说,同时通过引入潜在的进入威胁作为分析的核心因素,可竞争市场理论解决了关于规模经济与市场竞争两难选择的"马歇尔冲突"。根据可竞争市场理论,在完全可竞争的市场、可维持的市场结构存在的条件下,"看不见的手"可以有效地发挥配置资源的作用。即使是在偏离完全竞争的寡占甚至垄断的市场结构下,也无须政府干预。集中度高、价格歧视、多元化兼并、纵向与横向一体化等传统的作为经济绩效的指示器在可竞争的市场中并不引致规制和反托拉斯政策的需求。只有当市场是不可竞争时,或者行业的技术特征和需求条件决定了可维持的市场结构不存在时,才需要政府干预以增强社会福利。而规制的首要手段是通过剥离出沉淀性资产来促进市场的可竞争性,而不是进行价格规制。可竞争市场理论提供了关于产业的市场结构的理论,其假说和政策启示都与20世纪70年代以来产业重组和规制的变迁基本吻合,从而很好地解释了产业组织的变迁,特别是对处于从规制均衡向市场均衡转型过程中的产业组织结构和规制政策的变迁提供了新的分析视角。Bailey and Panzar(1981)、Bailey(1981)运用可竞争市场理论的基本命题和分析框架解释了放松规制进程中的美国航空产业,航空市场特别是城际航空市场被认为是可竞争市场的一个很好的例子。自从 CAB 放松国内航线规制和《航空业解除规制法案》通过后,美国的国内航空市场的进入壁垒就几乎不存在,市场具有可竞争性,即使实际市场只有一家供给者,在面临来自主干(trunk)航空公司潜在的进入威胁的中距离和长距离城际航空市场上,即使市场是自然垄断的,地区航空公司也会把价格定在竞争性的水平。Baumol(1984)、Tye(1990)运用可竞争市场理论研究了 1980 年的《斯塔格斯铁路法案》(Staggers Rail Act)后美国的铁路行业的放松规制问题。对于铁路行业来说,火车是"轮胎上的资产",具有流动性,其成本不是沉淀性成本。而轨道不能移动,是沉淀性资产。如果轨道唯一属于提供运输服务的一家企业,则其他企业不能自由地进入和退出市场,这个市场就不具有可竞争性,这就要求政府进行干预以禁止垄断企业获取沉淀性资产的准租金。但是,不同于传统的进入规制和价格规制,可竞争市场理论建议把沉淀性资产从运输服务企业分离出来,或者确保各个企业能公平地使用沉淀性设施,这种竞争性准入(competitive access)可以促进市场的可竞争性从而改善经济绩效。

虽然可竞争市场理论为寡占市场的效率问题,特别是为传统垄断性行业放松规制问题提供了很好的分析框架,但它却忽略了交易成本。虽然可竞争市场理论也强调产业中企业资产的特征以及与此相对应的成本函数特征,但它把注意力集中在了资产特征对市场进入和退出(市场的可竞争性)的影响上,而忽略了资产特征对交易组织方式的影响。在分析传统的垄断性行业转轨进程中产业组织和政府规制变迁时,可竞争市场理论无法解释产业的纵向组织结构问题。虽然可竞争市场理论也得出了剥离沉淀性资产以确保竞争环节的可竞争性,但是它却无法解释不同的产业纵向组织结构下的不同组织效率问题;无法解释纵向分离条件下的交易组织方式设计问题;无法解释市场化条件下,政府对产业的纵向关系的经济规制问题。本研究将在可竞争市场理论的基础上引入交易成本,以解决上述问题。

五、产业组织的交易成本假说

(一) 交易成本分析框架

在 Coase 之前,传统的价格理论一般不考虑交易成本问题。Coase(1937)在解释市场经济条件下,企业作为一种科层式的资源配置方式为什么会存在时指出,市场价格机制的运行是需要成本的,包括签约成本和契约的执行成本等。在市场交易成本视角下,Coase 阐明了企业和市场是两种相互替代的协调分工的经济组织方式,二者之间的选择取决于企业的组织成本与市场交易成本之间的权衡。Williamson(1975,1985)指出,在可以证明交易成本并非可以忽略不计的环境下,未能考虑交易成本的分析将会导致偏差。由此,Williamson 秉承了 Commons(1934)提出的以交易作为分析的基本单位的主张,并建立了交易成本分析框架。交易成本分析框架的基础可以简单地归纳为:

(1) 市场和企业是用以完成相关的一系列交易的可供替代的交易组织方式。例如,一个企业可以在市场上购买产品或服务,也可以自己生产。

(2) 通过市场价格机制来完成交易还是在企业内部达成交易,这取决于两种交易方式间交易成本的权衡。

(3) 在市场上签订和履行复杂合同的交易成本,一方面随着与这一交易的决策者的特征而变,另一方面随着市场的客观特性而变。

(4) 影响市场交易的人和环境的因素也会影响到企业内部的交易,尽管影响的方式不同。

具体地,在交易成本分析中,人的因素包括有限理性和机会主义,交易环境的因素包括不确定性、资产专用性、交易的频率和交易对象备选数目等。其中,Williamson(1975,1985)把资产专用性分成四种类型:场地专用性,比如坑口电厂因为靠近电煤供应企业,可以最小化电煤存货和运输成本,其资产具有场地专用性;物质资产专用性,交易的一方或者双方所投资的设备等资产,专门为某特定交易而设计,在其他用途的价值较低甚至为零;人力资本专用性,专用于某项交易的特定的技能;沉淀资产,比如投入品供应企业应下游企业的要求投资于扩大生产能力,如果下游企业终止交易合同,则所投资的资产会形成沉淀资产,进而造成产能过剩。

在有限理性和机会主义的行为假设下,交易成本分析方法通过考察具体的交易特征来解释产业的市场结构和企业的内部组织结构。特定交易的基本特征决定了最小化交易成本的特定的产业市场结构和企业内部组织结构。

不确定性使得交易双方都无法细化在每种可能的自然状态下各自的权利和责任,签订、执行完全合约的成本太高以至于不经济甚或不可能。这样,在不确定性条件下,交易合约就具有不完全性的特征。在不完全合约下,当正式合约条款中没有涵盖的偶然事件发生时,交易的一方或者双方就会有"机会主义"的行为动机。比如,当市场需求增加时,拥有市场力量的中间产品企业就有强烈的动机突破原有的合约条款而要求提高中间产品的价格;反之,当市场需求减少时,拥有市场力量的最终产品企业就有违反既有的合约条款而压低投入品价格的行为动机。为了避免事后机会主义行为的发生,交易双方就会在事前对交易合约条款做出调整,以提供防止机会主义行为的安全保障,甚至放弃在市场上完成交易,而转向内部生产。

不确定性给机会主义行为提供了可能,不过,在没有资产专用性的条件下,如果交易的一方违约,交易的另一方可以无成本地转换资产的用途,机会主义行为就不可能发生。而如果交易的一方或者双方的资产具有特定交易的专用性,其转化资产用途的机会成本高昂甚或不可能,这样,具有资产专用性的一方就会被交易的另一方"拿住",这就给机会主义行为提供了强烈的动机。这就要求事前对交易合约做出调整,甚至要求统一的所有权。

在交易对象备选数目很少的交易关系中,交易的一方或者双方对交易伙伴的选择受到限制。在不确定性条件下,因为害怕将来遭受交易对象的机会主义行为,交易伙伴受到限制的交易一方可能不会选择短期契约和长期契约方式。比如,一家企业依赖另一家企业提供某一要素,它可能易于受到要挟,因为一旦对方停止供应,它就不能正常经营。在这样的情况下,交易就得求助于内部组织。

不确定性、资产专用性和交易对象备选数目这三种交易的基本特征为事后机会主义行为提供了动机,但并不是具备了这些交易特征就必然导致市场交易缺失而求助于内部组织来达成交易。交易的频率越高,信誉约束就会在一定程度上防止机会主义行为的发生。另外,内部化在一定程度上减少了不确定性和有限理性,但并没有消除其中的任何一个条件,组织的规模和组织的内部安排形式都将会影响到有限理性和机会主义的局限性。内部化生产的不经济性会增加一体化的内部交易成本,抵消市场交易成本。这种不经济性主要表现在专业化经济的损失、组织成本的上升和一体化费用等方面。

而且,交易的组织方式也并不是一成不变的,企业和市场两者都是随着时间的推移而发生变化的。不确定性程度的降低、大量供应商的相互竞争、信息不对称程度的减小、技术上的变化等因素都可能使得由企业或市场承担的交易方式变得不合时宜。

根据交易成本理论,"任何组织创新都是为了节约交易成本",这意味着产业组织的创新与演进主要是为了节约交易成本。基于交易成本的视角,Williamson(1975,1985,1987)探讨了企业的边界、纵向一体化、纵向约束兼并及反托拉斯等产业组织经济学问题。在 Williamson 看来,交易之所以采用各种非标准化的合同形式而不是采用标准的市场交易合同,是为了节约市场交易成本。

在具体产业的分析上,Joskow(1985,1990)运用交易成本分析方法对美国电煤交易进行了实证分析,分析了治理煤电企业与电力企业纵向关系的制度安排。另外,Joskow and Schmalensee(1983)、Hunt and Shuttleworth(1996)运用交易成本分析方法研究了美国电力产业改革的问题,发现电力产业中的纵向一体化是与影响交易执行的不同特征相联系的:资产专用性、自然垄断性、外部性和测量问题。Glachant and Finon(1998)分析了欧洲的电力行业改革问题,Fernandez et al.(1998)则分析了欧洲的货车运输业中的准一体化问题。

(二) 评价

根据交易成本理论,交易组织方式的选择是特定交易基本特征下最小化交易成本的结果,任何组织创新的目的都是最小化交易成本,不同产业的资产专用性程度和不确定性程度决定了该产业的组织结构和经济绩效,这为理解产业组织结构提供了很好的视角。特别地,纵向一体化、长期契约等纵向关系已经被证明是交易成本现象。由于其解释能力广泛,交易成本分析方法在这方面非常成功。

但是,正如 Williamson(1985)所言:"我之强调交易成本,并不意味着把交易成本当作唯一目的。"实际上,在解释诸如市场集中度、水平一体化和多元化等产业的横向结构问题时,交易成本分析方法缺乏足够的解释能力。甚至在解释纵向组织时,交易成本并不是唯一的决定因素。比如,20 世纪 70 年代以来网络型产业的组织变迁中,政府打破了传统的纵向一体化结构,这种组织变迁不仅没有解决交易成本,反而增加了交易成本。对于这种产业组织变迁,交易成本假说不具有足够的解释力,因为这不仅是交易成本问题,更是生产成本问题。在考察经济组织时,不仅要考虑治理成本的节约,还要考虑到生产成本的节约,"把交易成本理论与其他方法结合起来使用,而不是排除这些方法,往往能得到最佳的效果"(Williamson,1985)。本书将在同一个分析框架中同时考虑交易成本和生产成本以解释产业组织变迁。

第三章　理论假说:"新马歇尔冲突"

由第二章的理论综述我们知道,SCP范式对市场结构进行了系统的研究,但是,这种研究把市场结构作为外生变量,是描述性的而不是分析性的。可竞争市场理论和交易成本理论把市场组织结构作为内生变量而加以分析,二者都成功地解释了某些产业组织结构现象。但是,在解释网络型产业组织结构与变迁的产业组织经济现象时,这两种分析方法都存在一定的缺陷。可竞争市场理论没有考虑网络型产业经济体制改革过程中市场主体性质的变化、产业重组后市场交易规则的设计以及产业重组后的规制等问题。交易成本假说认为组织创新的目的是节约交易成本,而网络型产业组织变迁却相反地增加了交易成本。如何解释这种增加交易成本的市场重构,显然需要有新的理论假说和分析框架。

本章将构建一个网络型产业组织市场构造与规制的新的理论假说和分析框架。具体地,通过引入一个由具有不同经济技术特性的双环节构成一个完整产品的网络型产业模型,结合可竞争市场理论与交易成本理论,同时考虑生产成本与交易成本,提出一个产业的横向结构和纵向结构同时内生的理论假说,既解释产业的横向组织结构,又解释产业的纵向组织结构,从而有效地解释了处于从传统的垄断条件下的规制均衡向竞争条件下的市场均衡转轨过程中产业组织结构与规制的变迁。我们称这一新的理论假说为"新马歇尔冲突"。

一、模型的内生变量

在可竞争市场理论中,产业的市场结构与企业行为、经济绩效都是内生变量,市场的需求条件和行业的生产技术特征作为外生变量,一起作用决定了均衡的市场结构和企业的行为,并最终决定了经济绩效。市场的基本条件包括:需求方面的需求弹性、替代品、季节性、增长率、位置、订单数的波动、购买方式等;供给方面的技术、原材料、工会化、产品使用寿命、位置、规模经济、范围经济、商业习惯等。其中供给方面的条件最重要的是行业中产品生产的技术特征。技术的不同无疑会导致不同产业组织上的差异,同一产业的组织结构也会随着生产技术的变化而不断发生改变。生产技术特征决定了产品生产的成本函数,不同行业的固定成本和边际成本的大小、生产的规模经济性都反映到成本函数中,成本函数在决定一个均衡的产业组织结构中具有核心作用,比如,在市场需求一定的条件下,生产的规模经济性越强,则生产成本最小化的企业数目就越少,行业中缺乏实际竞争(actual competition)。市场需求方面的基本条件包括需求总量与弹性、需求的波动性和需求的峰谷性等。在成本函数不变的条件下,需求曲线的位置将直接决定生产成本最小化的企业数目。[①] 生产的经济技术特征还决定了该产业投资所形成的资产的特征。有些行业需要进行大量的固定资产投入并形成大量的固定资本,比如,航空业中的机场建设、铁路运输业中的轨道建设等。在这些固定资产中有些是不能通过市场交易进行转移、出售的,从而具有沉淀性资产的特征,形成了沉没成本。沉淀性资产的存在阻碍了市场的进入与退出,阻碍了潜在竞争(potential competition)发挥作用,使得该行业不具有可竞争性。在行业的资产不具有沉淀性的条件下,市场的进入和退出是自由的,市场竞争(包括实际竞争和潜在竞争)会使产业的横向组织结构向生产成本最小化的组织结构收敛。在具有沉淀性资产的行业中,沉淀成本的存在使市场进入和退出存在壁垒,在位企业可以运用市场势力压缩产量、提高价格而不受潜在进入者的竞争的威胁,最小化生产成本的产业组织结构无

---

① 亚当·斯密(1776)早就洞见性地指出市场规模的大小会影响社会分工的程度。

法形成。因此,需要政府剥离出行业的沉淀性资产,并保证公平使用沉淀性基础设施的机会,以此保证市场的自由进入和退出,促进市场的可竞争性。

在产业组织的交易成本假说中,产业的纵向组织结构是需要解释的内生变量,产业纵向组织结构的决定主要是基于交易成本最小化。而决定交易成本大小从而决定产业纵向组织结构的外生变量主要包括资产专用性、不确定性、交易对象备选数目和交易的频率等。其中,资产专用性主要是由行业生产的经济技术特征所决定的,比如,机场、铁路轨道、输电网络等基础设计是不可流动的,具有地点专用性,它们无法无成本或者低成本地退出市场;不确定性和交易的频率是由市场的需求特征所决定的,当市场需求具有较强的波动性时,就具有较大的不确定性;交易对象的备选数目则主要取决于行业中不同环节的横向结构,在可竞争市场理论下,是由供给方面的经济技术特征和市场需求特征共同决定的。

可竞争市场理论和交易成本假说在解释产业组织结构时所使用的共同的外生变量是市场供给和需求两个方面的基本特征,换言之,产业组织结构作为内生变量,不管是横向组织结构还是纵向组织结构,都是由行业的市场基本条件决定的,市场基本条件包括供给和需求两个方面。在书中,供给方面的生产经济技术特性(主要体现在成本函数特征与资产特征上)和市场需求方面的特征(包括需求总量与弹性、需求的波动性等特征)被作为决定产业组织结构的外生变量。

二、网络型产业市场构造与规制

(一) 成本函数、需求函数与最优生产组织

考虑一个具有生产环节和网络运输环节的网络型产业,假设生产环节的成本函数为

$$C_1(q) = F_1 + c_1 q + d_1 q^2$$

基础设施环节的成本函数为

$$C_2(q) = F_2 + c_2 q + d_2 q^2$$

市场反需求函数为

$$p = a - bQ$$

给定成本函数和需求函数,可以求出生产成本最小化的生产组织结构。

如果 $d_1 > 0$(即在足够大的产量水平下,存在规模不经济)[1],对于生产服务环节,平均生产成本最小化的产量水平(边际成本等于平均成本时的产量)为 $q_1^m = \sqrt{\dfrac{F_1}{d_1}}$;最小平均成本为 $p_1^c = c_1 + 2\sqrt{d_1 F_1}$。

同理,对于基础设施环节,平均生产成本最小化的产量水平为: $q_2^m = \sqrt{\dfrac{F_2}{d_2}}$;最小平均成本为 $p_2^c = c_2 + 2\sqrt{d_2 F_2}$。

则最优社会需求量为

$$Q^* = \frac{a - (c_1 + c_2 + 2\sqrt{d_1 F_1} + 2\sqrt{d_2 F_2})}{b}$$

终端消费价格为

$$p = c_1 + c_2 + 2\sqrt{d_1 F_1} + 2\sqrt{d_2 F_2}$$

生产环节最优的工厂数目为

$$n_1^* = \frac{a - (c_1 + c_2 + 2\sqrt{d_1 F_1} + 2\sqrt{d_2 F_2})}{b\sqrt{\dfrac{F_1}{d_1}}}$$

基础设施环节最优的工厂数目为

$$n_2^* = \frac{a - (c_1 + c_2 + 2\sqrt{d_1 F_1} + 2\sqrt{d_2 F_2})}{b\sqrt{\dfrac{F_2}{d_2}}}$$

上述式子表明,从横向结构看,最优的生产组织是由成本函数和需求函数共同决定的。给定需求函数,固定成本 F 越小,边际成本曲线的斜率 d 越大,最优工厂数目就越大。比如,在生产服务环节中,固定成本相对较小,边际成本相对较大,这

---

[1] 当 $d=0$ 时,成本函数变为 $c(q) = F + cq$,在任何产量范围内都存在规模经济,行业就具有自然垄断性。在 $p = a - bQ$ 的需求函数下,社会最优的产出水平为 $Q = (a-c)/b$,价格水平为 $p = c$。但是,此时,平均成本大于边际成本,生产厂商无法获得足够的成本补偿。为了让生产厂商获得足够成本补偿,次优的产量水平为 $Q = \dfrac{(a-c) + \sqrt{(a-c)^2 - 4bF}}{2b}$,价格等于平均成本,大于边际成本。

意味着在生产环节可以有多家生产企业,如图 3-1 所示。

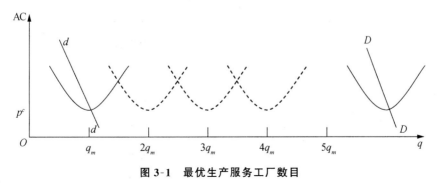

图 3-1　最优生产服务工厂数目

相反地,固定成本 F 越大,边际成本曲线的斜率 d 越小,最优企业数目就越小。比如,在基础设施环节,如果 F 足够大,并且 d 足够小,在整个视察需求范围内,只有一家提供的生产或者服务是最优的,则该环节就具有自然垄断性,如图 3-2 所示。

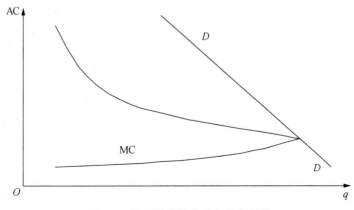

图 3-2　基础设施环节的自然垄断性

在社会最优的生产组织下,生产在平均成本最小处进行,社会福利实现最大化。

(二) 资产特征、需求特征与交易组织

上一节从生产成本最小化的视角分析了最优的生产组织。一般地,在网络型产业中,生产环节最优的工厂数目为 n_1^*,而基础设施环节由于规模经济和网络经济的特征,最优的工厂数目 n_2^* 一般地为 1。那么,在具体的产业运行中,生产环节是否实行横向一体化,即 n_1^* 家生产工厂是否应属于同一家或者少数的几家企业?生产服务环节与基础设施环节是否实行纵向一体化?这些都取决于不同组织方式的成本权衡,而不同组织方式的成本又取决于资产专用性,我们用 k 值表示资产专用性的程度。

对于一个单一环节的行业而言,主要考察其横向组织结构,这实际上是企业规模的边界问题,即"为什么不把所有的生产都组织到一个大企业里"。用 $I(k)$ 表示横向一体化内部组织的成本,用 $M(k)$ 表示市场交易成本。在横向环节中,企业之间不存在交易关系,$M(k)$ 为零。横向一体化将增加企业的组织成本,因此成本函数和需求函数共同决定了社会生产成本最小化的最优[①]的产业组织。不过,行业的资产特征则决定了行业的市场结构能否向社会最优的产业组织收敛。如果企业的资产具有行业专用性,并且无法形成有效的租赁市场,则专用性资产所形成的固定成本就属于沉淀性成本,沉淀性成本构成了行业的进入和退出成本,使得市场具有不可竞争性。在位企业就可以运用其市场势力,而不受潜在竞争的威胁。在不可竞争性的市场中,存在规模经济与垄断的"马歇尔冲突"问题。相反地,如果行业的资产不具有专用性特征,不构成沉淀成本,市场可以自由进入和退出。在位企业运用市场势力的能力受到潜在竞争威胁的抑制,行业的市场结构将收敛于社会生产成本最小化的市场结构,不存在无效率的企业,总产量将使社会净福利最大化。

对于一个多环节的行业而言,不仅要考察每个环节的横向组织结构,还需要考察各环节之间的纵向组织结构,以及横向结构与纵向结构之间的相互影响甚至相互决定关系。用 $I(k_1, k_2)$ 代表纵向一体化内部组织成本,用 $M(k_1, k_2)$ 代表市场交易成本(价格机制运行成本),用 $\Delta G = I(k_1, k_2) - M(k_1, k_2)$ 代表两种不同组织成本的差。ΔG 的大小取决于资产专用性的大小(见图3-3)。如果资产具有高度的交易专用性,则市场交易成本较大、ΔG 较小,内部组织优于市场组织;相反,如果资产不具有交易专用性,则市场组织优于内部组织。

---

① 如果在整个市场需求范围内,企业的边际成本都小于平均成本,为了使企业能够有足够的成本补偿,价格必须高于边际成本,只能存在次优的市场结构。

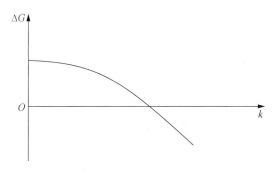

图 3-3　内部组织与市场组织的成本差异

在网络型产业中,对于生产环节而言,企业的资产特征包括两个方面,第一个方面是企业资产本身是否具有专用性。比如,飞机属于"翅膀上"的资产,可以在不同的市场之间流动,因此不具有场地专用性,而电厂的资产由于不可移动而具有场地专用性,属于沉淀性资产。生产环节的资产特征的第二个方面主要取决于其交易对象的备选数目,如果基础设施方面是自然垄断并参与市场交易,生产环节的交易对象单一,其资产就具有交易的专用性。在基础设施环节,资产一般都具有专用性特征,属于沉淀性资产,形成大量的沉淀成本,比如机场、铁路轨道、天然气管道和输电网络等。在生产环节和基础设施环节的资产都具有专用性的条件下,为了节约市场交易成本,生产环节和基础设施环节必然采取一体化的纵向组织形式(见图 3-4),特别是在市场需求波动性较大的情况下,一体化的动机就更为强烈。这也就是在 20 世纪 70 年代以前,网络型产业大多采取纵向一体化的产业组织方式的原因。

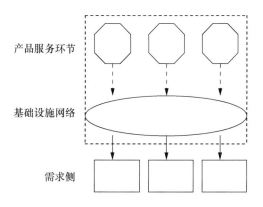

图 3-4　纵向一体化的网络型产业组织

(三) 引入竞争、市场构造与规制

在一体化的交易组织下,市场竞争无法有效发挥作用,通常都要求政府或者通过直接垄断经营或者对私人垄断进行经济规制的方式积极发挥作用。但是,无论是政府直接垄断经营还是对私人垄断的经济规制,都不是竞争的良好替代。遏制垄断势力的三种方式就是对一体化的产业交易模式进行重组,打破垄断,把可行竞争的生产环节独立出来,从而引入市场竞争(包括实际竞争和潜在竞争)来替代政府规制,并维持良好的市场竞争秩序。这也是20世纪70年代以来国际上网络型产业经济体制改革的核心内容。当然,在网络型产业中引入竞争就涉及市场构造和规制的变革,其中市场构造包括三个方面:一是市场主体功能的重新界定,二是产业重组,三是市场交易规则设计或者市场交易机制改变。

1. 市场主体功能重新界定

在纵向一体化产业组织下,企业既垄断了网络传输环节,也垄断了产品或服务的生产环节。在规制体制下,企业专司生产经营职能,并在投资、价格、成本、产品质量等诸多领域接受规制。在国营体制下,网络型产业部门既具有生产经营职能,又承担政府职能,本质上是政府的组成部分。网络型产业经济体制改革首先要求对市场主体的功能进行重新界定。在针对规制体制的改革中,竞争性的生产环节在投资、价格等诸多领域不再受相关机构的规制,而保留经济规制的垄断性网络传输环节则只负责提供传输服务,其盈利模式也发生转变,由规制机构根据传输成本核算决定。在针对国营体制的改革中,市场主体功能的重新界定更加明显,公共部门改制为商业化经营企业,专司生产经营职能,而不再承担政府政策性职能。

2. 产业重组

网络型产业经济体制改革涉及的最典型的问题就是产业重组。按照可竞争市场理论的假说,有效的市场竞争不仅是在位企业间的实际竞争,还包括在位企业与潜在进入者间的潜在竞争。如果一个市场是可以完全自由进入和退出的,则潜在的进入威胁就可以有效地约束在位企业的价格和产量策略等行为,确保合意的有

效经济绩效的实现。因为如果在位的垄断企业限制产量、提高价格,潜在的进入者就会进入该市场从而获取超额利润。这种进入威胁约束了在位的垄断企业的定价行为,市场势力因为受到潜在竞争威胁而不会被滥用。沉淀性资产构成了市场的进入和退出壁垒。基于此,如果要实现网络型产业生产环节的可竞争性,就要求把构成沉淀性资产的基础设施(sunk-cost facilities)剥离出来,由政府所有或者市场参与者联合共同拥有,并向所有的市场参与者无歧视性地开放准入。这就形成了垄断行业改革的"产业重组"(industry restructuring)的思路:对可竞争的生产服务环节与不可竞争的基础设计网络环节进行纵向分离,网络环节实施政府经营或规制,网络环节独立于生产环节所提供的产品或者服务的交易,不参与市场竞争,只提供垄断性的传输服务并收取"过网费"(见图3-5)。

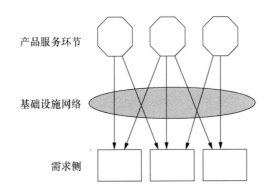

图3-5 竞争性的网络型产业组织

如图3-5所示,把基础设施环节独立出来后,具有自然垄断性的基础设施环节不参与产品市场交易,只提供基础设施服务,并收取相应的服务费。生产环节的厂商直接面向需求侧交易,在交易市场上存在多家买方与卖方相互竞争。在位厂商为争夺市场份额相互竞价,同时,在大量沉淀性资产剥离出去后,市场进入壁垒降低,潜在竞争威胁限制了在位厂商的市场势力的运用。这彻底改变了传统的网络型产业市场结构。

3. 市场交易规则设计

竞争性的生产环节与垄断性的基础设施环节的纵向分离在解决了垄断势力问题的同时又产生了一个新的问题,就是基础设施的公共使用需要统一的调度以保证基础设施的平衡与稳定,而产业重组则打破了原有的保证整个基础设施网络系统平衡稳定的内部调度机制。在纵向分离的条件下,统一调度需要通过外部市场交易来实现。因此,在网络型产业中实现有效竞争要求在重组竞争性的产业组织模式的基础上,保留第三方对网络系统进行统一的调度以保证网络系统的安全性、平衡性与稳定性,并且需要政府对市场进行设计,设计合理的市场交易规则以有效地治理网络系统调度机构与市场交易主体之间的利益关系。这就是网络型产业经济体制改革涉及市场构造的第三个方面,即"市场设计"(market designing)。不同于其他一般竞争性行业,改革后的网络型产业市场主体在所设计的市场交易规则下进行交易。这也就意味着市场交易机制同时受到价格机制和规制规则的影响。

4. 规制变革

网络型产业经济体制改革后,规制的范围和内容都会发生改变。首先是规制范围的变革,在竞争性的产业组织下,对于可行竞争的生产服务环节,应该放松甚至取消市场准入规制与价格规制,规制的重点在于对基础设施环节垄断服务的经济性规制。然后是规制内的变革,除了传统的针对自然垄断环节的市场准入、投资、价格、成本和服务质量等方面的经济性规制外,在新的体制下,规制的另一个重点是对市场交易秩序的规制,特别是生产环节与基础设施环节的纵向关系和市场交易规则的规制,确保各市场交易主体按照设计好的规则进行交易。

三、新马歇尔冲突:两种制度成本的权衡

前面的分析表明,传统上网络型产业采用纵向一体化的组织方式的主要原因是为了节约交易成本,或者制度成本。由于大量专用性沉淀资产的存在,为了节约交易成本,生产环节与基础设施环节的纵向一体化是市场选择的结果。但是,这一市场选择不仅把基础设施环节的自然垄断扩张到生产环节,使生产环节的实际竞争不可行,而且使得作为一个完整的行业,存在着巨大的沉淀性成本,构成严重的市场进入和退出壁垒,阻碍潜在的竞争发挥作用。因此,在这样的产业组织下,竞

争是不可行的,不管是实际竞争还是潜在竞争。一体化的垄断厂商会运用其市场势力,压缩产量、提高价格,从而降低经济绩效水平。这就存在节约交易成本与垄断势力的冲突。有别于规模经济与垄断的"马歇尔冲突",规模经济并不必然导致垄断势力的运用,因为在规模经济条件下,在位厂商之间实际竞争的缺位可以通过潜在竞争来弥补,潜在竞争可以与实际竞争等价地约束在位厂商垄断势力的运用。而为了节约交易成本而形成的纵向一体化产业组织对竞争的排斥却是显而易见的。我们称这种现象为"新马歇尔冲突"。

为了抑制垄断势力的运用,提高产业运行绩效,要求政府发挥作用。在私人垄断的条件下,一般要求政府进行经济性规制,规制的内容包括价格、成本、投资和服务质量等。但是,由于信息不对称,规制无法实现良好的经济绩效。特别是在传统的成本加成回报率的规制模式下[①],往往会导致过度投资,受规制的企业缺乏成本节约的动机,消费者不得不承担巨额的成本。政府发挥作用的另一种方式就是政府直接经营。在完全信息条件下,社会计划者会按照最优生产组织结构来安排生产,并根据平均成本定价[②],通过计划指令来组织交易。通过计划指令来组织交易的典型就是政府直接垄断经营传统的自然垄断性行业,设置市场进入壁垒,并由政府制定价格。在政府垄断下,生产环节各厂商实际上作为不同的生产车间,都接受计划当局的计划指令来进行生产,不存在相互间的市场竞争。生产环节与基础设施环节实行纵向一体化,在内部完成交易。但是,在不完全信息条件下,即使计划当局是追求社会福利最大化者,由于信息不充分,计划当局也无法准确地知道产品生产的成本函数和市场需求的变化情况,从而不能合理地制定产品价格,有效地配置资源;由于信息不对称,计划当局无法准确地观测到经济个体的行为,从而不能对经济个体的行为进行有效的监督和激励。信息和激励等问题就成为计划体制运行中不可克服的障碍。改革开放前,中国计划经济体制的失败已经证明了政府垄

---

① 在 Laffont 等人提出的激励性规制模式下,激励机制的设计、执行和监督本身需要耗费大量成本,同时,需要给付受规制企业信息租金。
② 在生产环节,可以根据边际成本定价,在平均成本最小处,边际成本等于平均成本;在具有自然垄断性的基础设施环节,边际成本小于平均成本,如果根据边际成本定价,基础设施建设将无法获得足够的财务补偿。

断经营的弊端。

由此可见,尽管纵向一体化有助于节约交易成本,但是却在另一层面上增加了制度成本,即规制和国营体制下政府失灵导致的损失。实际上,任何一种经济活动的组织方式都是不完美的,都有相应的组织成本、执行成本或"制度成本"。总的来看,制度成本主要包括两大类:一类是市场交易成本,简称制度成本 A。Joskow(1985)把市场交易成本概括为四个方面:获取和加工信息的成本、法律成本、组织成本以及无效率定价行为造成的效率损失。这四个方面构成了垄断行业改革后市场运行的主要成本,其中信息成本、法律成本、组织成本这三个方面的交易成本的发生将直接反映到市场交易主体的会计成本里,而无效率定价行为所造成的社会福利净损失虽然不体现在会计成本里,但它却是构成电力市场运行(机会)成本的一个重要方面。

另一类制度成本是由政府失灵造成的损失,简称制度成本 B。在传统的纵向一体化的网络型产业组织下,制度成本主要是由制度成本 B 构成,即为解决垄断问题而引入的规制或者国营导致的政府失灵,这种制度成本最终体现在生产的无效率上。传统的纵向一体化的产业组织有助于节约制度成本 A,却存在高昂的制度成本 B。20 世纪 70 年代以来各国纷纷在网络型产业中进行产业重组,打破垄断、引入竞争,其根本目的就是节约制度成本 B。

但是,剥离出基础设施环节的产业重组在缩小垄断势力的作用范围并因此节约制度成本 B 的同时,产生了一个新的问题,就是基础设施的公共使用需要统一的调度以保证基础设施的平衡与稳定。这种统一调度在一体化的厂商那里通过内部协调、控制来实现,内部组织成本为 $I(k_1,k_2)$;而在纵向分离的条件下,统一调度需要通过外部市场交易来实现,市场交易成本为 $M(k_1,k_2)$。相对于纵向一体化的产业组织,竞争性的网络型产业组织增加了关于基础设施的公共使用的交易成本 $|\Delta G|=M(k_1,k_2)-I(k_1,k_2)$。另外,在竞争性的市场中通过市场交易主体之间的合约来实现各种交易,这种市场签约也会导致交易成本的增加。如果制度成本 A 的增加过大,则竞争性的产业组织在解决垄断方面的收益将不足以弥补交易成本的增加,引入竞争的改革将以失败告终。因此,在网络型产业中实现有效竞争要求

在重组竞争性的产业组织模式下,保留第三方对网络系统进行统一的调度以保证网络系统的安全性、平衡性与稳定性,并且需要政府对市场进行设计,设计合理的市场交易规则以有效地治理网络系统的调度机构与市场交易主体之间的利益关系,形成交易成本最小化的市场构造。由此可见,网络型产业经济体制改革成败的核心在于产业重组后市场交易规则的设计,合理的市场设计可以最小化制度成本 A 的增加,而最大程度地降低制度成本 B。而如果市场交易规则不能很好地设计,则制度成本 A,特别是市场失灵造成的交易成本的增加可能会大于生产成本的节约,将导致网络型产业经济体制改革的失败。

第二篇　电力产业市场构造与规制

- 第四章　电力产业经济技术基本属性
- 第五章　电力产业组织基本模式
- 第六章　电力产业组织变迁的经济机理
- 第七章　电力产业组织变迁中的市场构造与规制
- 第八章　电力市场构造与规制的国际经验

第四章 电力产业经济技术基本属性

在现代产业组织(IO)的分析框架中,包含有五个基本要素,即"市场条件"、"市场结构"、"企业行为"、"经济绩效"和"公共政策"。其中,市场基本条件是重要的外生变量,它在很大程度上决定了一个行业的市场结构、企业行为和经济绩效,进而决定了政府对该行业的公共管理政策与制度。市场基本条件包括需求和供给两个方面,构成了一个行业的经济技术的基本属性。因此,电力产业的经济技术的基本属性是分析电力产业组织变迁和电力体制改革的逻辑起点。

一、电力系统概述

一个完整的现代电力产业至少包括发电、输电、系统调度、配电、售电和终端消费六个环节。处于产业最上游的是发电环节;发电厂所生产的电力通过上网进入高压输电环节,输电网络把电流输送到各配电公司;系统调度中心控制网络电流以保持发电厂的出力与电网负荷(所有用户瞬时用电总和)实时平衡,维护系统稳定;配电环节通过地方配电系统把电流分配给各种类型的终端用户;销售方面包括批发和零售两种类型。图4-1直观地描述了构成现代电力工业的基本环节与产业链条。

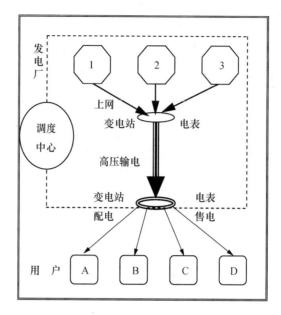

图 4-1 电力产业链示意图

（一）发电

根据法拉第的"电磁感应定律"，电的产生是通过导线在磁场中旋转来实现的，而进行电力生产的驱动力一般来自蒸汽，也可以来自水的落差（水力）、风能、太阳能、潮汐能或者燃料的直接燃烧等。在现代商业化运行的发电厂中，以蒸汽作为驱动力来生产电能则占据主导地位，所需蒸汽由各种燃料燃烧加热水而产生，包括煤炭、石油、天然气和铀等。通常地，用燃烧传统化石能源加热水产生的蒸汽驱动所生产的电力，即燃煤、燃油和燃气发电机组所生产的电力称为火电，而用核能加热水产生的蒸汽驱动所生产的电力，即核电站所生产的电力称为核电。利用水的落差（水力）和风力驱动而生产的电力分别称为水电和风电。另外，利用太阳能光伏与光热、生物质能、地热能和潮汐能等新能源发电也取得了较大的进展；利用化学原理产生电力燃料电池已被应用于太空领域等，但还未能进入商业化运行阶段。20 世纪 80 年代出现了一种使蒸汽发电机和燃料直接燃烧相结合的新型发电技术，被称为燃气蒸汽联合循环机组（combined-cycle gas turbine power plants，CCGT）。CCGT 以天然气为燃料，其最大热效率被提高到 60%—65%，而一般火电厂的热效率为 40%—45%。

尽管发电技术复杂多样,所使用的燃料或者自然力也是多元的,但电力是一种标准化的同质产品,不同发电厂所生产的电力是无差异的。① 一个国家或者地区使用什么样的燃料或自然力作为其发电的驱动力,通常取决于其资源禀赋。不过不同的国家和地区由于其资源条件的不同,电源结构上也存在较大的差异。比如,当前中国火电占总发电量比重为 73%,燃煤发电占总发电量的 70% 左右;美国的燃煤发电占总发电量的 33% 左右;而法国的电源结构则以核电为主体,比重约为 74% 左右。

(二) 输电

发电厂所生产的电力需要通过输电线路传输给终端消费者。电在由铜或铝导线组成的网络中传输,导线架设在电杆和铁塔上,也可以铺设在地下或者水下,这些由线路和支架组成的系统统称为输电系统。输电系统把分散的发电站连接并整合到一个稳定的同步的交流(AC)②输电网络中。在同一输电线路中,输电容量与输电电压的平方成正比,而当功率一定时,电压越高则电流越小,相应的线损也就越小,提高输电电压等级可以提高输电功率、减少线损。因此,发电厂在向输电网络送电以前,先将交流电输入变压器以提升电压并减少电流;而在系统的另一端,交流电则进入另一台变压器以降低电压,然后再输送给终端用户。

高压输电减少线损使得长距离输电在经济性上成为可能,扩大了电力系统的覆盖范围。目前,商业化的高压交流输电工程的最高电压一般为 800 kV。③ 而中国在发展高压输电方面则先行一步,于 2008 年建成第一条 1 000 kV 的特高压交流输电线路(山西晋东南至湖北荆门),并于 2009 年正式投入运行,这是世界上首次

---

① 这与石油工业的生产过程刚好相反,石油工业将原油生产成汽油、柴油、煤油和燃料油等多种产品。
② 除了交流输电外,还有直流(DC)输电。早在 19 世纪 80 年代就出现了爱迪生倡导的直流电和威斯汀豪斯倡导的交流电的系统之争。1893 年出现了利用 AC-DC 整流器和变压器的所谓"通用系统",既可以输入交流电也可以输入直流电,结束了这场技术之争。但是,由于直流电的经济性较差,没有得到广泛应用,逐渐被交流电所取代。
③ 苏联曾建成 900 公里的 1 150 kV 特高压输电线路并经过了试运行,后因故障降压为 500 kV;日本在 20 世纪 90 年代曾建成总计近 300 公里的三段 1 000 kV 的输电线路,并开展了大量特高压试验,但由于市场规模不够大而降压为 500 kV 运行。

投入运营的特高压交流输电线路。[①]

(三) 配电

配电环节的主要功能是将电力从输电系统中以中低等电压配送给最终用户。配电线路与输电电网共同组成了电的传输系统,二者彼此相连。不过一般都把二者分开处理,因为输电网络是区域性的,而配电线路是地方性的。输电与配电的区别还体现在输电的运行电压高、电流大,输电系统是网状的,电流可以双向流动,而配电系统通常是线状的,电流是单向的。[②] 为了区别输电网络与配电线路,通常把输电网络形象地比喻成高速公路,而把配电线路比喻成地方道路。考虑到电流的特殊性,我们认为应该把输电网络比喻为"水库",而把配电线路比喻为从水库中取水的"水渠",这更加贴近电流网络的实际,也更有助于我们形象地理解。

由于电在电网中是自由流动的,配电公司无须接收、储存、再发送电流,电会通过配电线路自动送达用户,仪表将自动记录下流量。配电公司的主要职能是保持本地区线路的良好运行,维护和建设配电站、电杆和导线,适时增加新的线路等。

(四) 售电

电力销售包括批发和零售两个方面。批发是发电厂商在一级市场上直接销售其生产的电力,购买者可以是以消费为目的用电大户,也可以是以转售为目的的供电公司。零售是指供电公司面向终端用户的销售。

电力销售主要包括签订购电合同、用电计量、计费、结算以及各种需求管理等业务。零售环节与配电环节一起面向终端用户,不管电力销售合同和结算方式如何变化,电力总是通过一样的配电线路配送给消费者。在传统的电力产业组织中,配电环节与零售环节通常是合二为一的,配电过程同时也是售电过程。

---

① 中国"十二五"规划中正式提出了"发展特高压等大容量、高效率、远距离先进输电技术"的电网发展方向。根据国家电网规划,到 2020 年将建成以三华(华北、华东、华中)地区为核心,联结我国各大区域电网和主要负荷中心的特高压骨干电网;"十二五"期间"三华"地区特高压交流线路将建成"三纵三横一环网";"十二五"特高压直流线路将新建 11 条,特高压交流和直流总投资超过 5 000 亿元,其中特高压交流投资约 3 000 亿元,特高压直流约 2 000 亿元。

② 输电线路和配电线路的区别在理论上并不是非常明确,有些配电系统也是网状的,配电系统中有时候也有高压线。

（五）终端消费

终端消费是电力产业的需求侧，通过各种用电设备，电能被转化为动力能（机械能）、光能、热能和化学能等。电能的市场需求主要包括工业生产用电、商业用电和居民生活用电等。在当前中国，工业用电占据主导地位，工业用电量占全社会电力用电量的比重为72%左右，而商业用电比重和居民生活用电比重分别只有12%和13%左右。

在电气化高度发达的今天，电力是国民经济生产过程中不可或缺的投入品，也是居民生活不可或缺的必需品。电能在终端能源消费中的比例，是衡量一个国家工业化、现代化水平的重要标志，比如OECD国家的电能消费占终端能源消费总量的20%以上，而中国当前电能消费占终端能源消费总量的比重为15%左右。

（六）系统调度

系统调度机构是电力系统的管理者，又称为电流网络控制中心。系统调度机构对整个区域的网络电流系统进行统一的协调、控制和管理。系统调度人员实时跟踪观测用电负荷的变化情况，并在几秒钟内做出反应。这就要求系统调度者能够通过某种方式控制发电厂，对发电厂的行为拥有权威，告诉发电厂什么时候运行、什么时候增加负荷、什么时候停机等。系统调度中心还应该事前安排运行计划，并安排电厂留足备用发电装机容量以备用电高峰之需。每个电力系统都有一个统一的调度机构，而且在该机构下面可能还设有多层级的卫星调度机构，负责其所辖区域的电力系统运行。

系统调度中心的控制室的信息化程度很高，系统调度人员可以通过运用计算机调度系统进行直接的实时调度。当然，时至科技高度进步的今天，仍有大量的调度工作需要人工通过数据、图表甚至直觉判断做出决定，并通过电话下达调度指令。因此，调度工作是十分复杂而且重要的，需要由最优秀的专业工程师来承担。

二、电力系统的特殊性

通过输电线路,分散发电厂、变电站和各种高度专业化的用电设备被连接起来,组成一个统一的电力系统(见图4-2)。有些国家全国就只通过一个电力系统连接了全国范围内的所有电力生产者和消费者,比如法国、英国、新西兰、阿根廷、墨西哥等;而美国、日本和加拿大等国家通常由一个独立的公司来运营一个电力系统,负责其所辖区域的电力供应。中国的电力系统是以省为基础发展起来的,从省级电网发展到区域电网,并逐步通过跨大区电网互联工程实现全国联网。

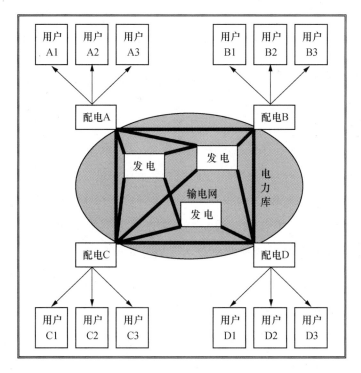

图 4-2 电力系统

如图4-2所示,整个电力系统是一个有形的、复杂的网络系统,但不同于铁路、电信、民航等网络型产业,电力系统具有其特殊的技术属性,因为电与众不同。

（一）电能无法储存，在电网中以光速传播

电能无法经济地储存，[①]即不能在用电低谷期把电能生产出来并储存起来，以备用电高峰期使用，电能必须在有需求的同时才能生产出来，而发电厂生产出来的电能必须马上通过输电网络传输给终端用户消费掉。电能在输电网络中以光速（每秒约30万公里）传播。用户在启动用电设备的一瞬间，在某处的发电厂就需要有一系列的反应，电在瞬间被生产出来，以光速达到最终用户端，并在毫秒间被消耗掉，即发电、输电和用电是瞬间同步完成的。前面的分析把输电网络形象地比喻为水库，在电力行业中，"电力库"（pool）也是一个常用的概念。但在这里需要特别指出的是，这个"库"并不是一个可以储存电能的大池子，应该用平面而不是立体的视角来看待电力库才能更准确地理解电力系统。

由于电能无法储存，且在电网中以光速传播，这就决定了发电量与用电量必须保持平衡，而且是实时平衡。即发电厂必须随时调整出力，以满足用电负荷变化的需要，使得发电量在每秒钟都与用电量完全平衡。如果发电负荷小于用电负荷，会导致电压波动、频率下降，使一些用电设备无法正常运转。当发电和用电负荷不平衡的情况非常严重时，电流网络系统会甩掉许多负荷，引发连锁反应，导致大面积的停电。为了确保发电负荷与用电负荷的实时平衡，维护电力系统的稳定，不管在什么样的产业组织格局下，都需要有一个系统调度机构对整个区域的电流网络系统进行统一的协调、控制和管理。正如机场需要有空管人员对飞机着陆进行统一调度一样，电力系统也需要有系统调度人员根据负荷的变化调度发电厂的出力；但是与机场空管人员可以让飞机在空中盘旋等待一小时再着陆不同的是，系统调度机构对发电厂的调度指令需要在几秒钟内就决定并下达。

（二）电流根据物理定律在电网中循电阻最小的路径流动

电流在电网系统中的流动不受人为控制，而是根据一定的物理定律自由流动。

[①] 蓄电池可以储存小量的电能，但受技术制约，蓄电池无法大规模地储存电能。抽水蓄能电站可以利用电网低谷期的富裕电能抽水蓄能，在电网高峰时发电，但抽水蓄能电站也不能大规模地建设，除了受自然条件约束外，抽水蓄能电站本身在用电低谷期形成了闲置的生产能力。

正如"水往低处流",电在电网中循着最小的电阻路径流动。通常地,较粗的导线电阻较小,电就会从那里流过,而不是流经一根极细的导线。当然,输电线路的输送能力(即输电容量)是有限的。输电容量不仅取决于线路本身的技术条件,还取决于系统的技术约束和线路在系统中所处的位置和作用。电网中某处新增加的线路或者电流都可能改变其他地方的电流情况,并且能够改变电网的可用容量。

输电容量的有限性意味着在电力传输的过程中,可能存在着阻塞问题,即某一线路的负荷值超过其极限值,这就要求系统调度机构对输电网络进行阻塞管理。通常地,在系统日常运行中都不会充分使用电网的输电容量而留出一定的备用容量。当线路的电力潮流超过其所能够承受的最大负荷时,系统调度机构就必须减少某些发电厂的出力而增加其他发电厂的出力以满足输电容量的需要。

(三) 稳定性对电力系统安全运行至关重要

电力系统的稳定是满足系统正常运行,向用户提供可靠、优质电能的前提条件。在稳定的电力系统中,同步发电机送出的功率是稳定的,系统中各节点的电压和频率等也都是稳定值。而在系统运行中受到系统内部或者外部的扰动将会破坏系统的稳定性,这些扰动包括用电负荷的变化、某些电气设备的反作用、发电机组的突然解列、电感元件的故障和短路等。并且,系统中某一部分发生故障会迅速波及系统中的其他部分。电力系统稳定性的破坏事故危害极大,严重威胁到系统的安全运行和供电的可靠性,可能导致大面积停电。

电压稳定性破坏和频率稳定性破坏是电力系统稳定性破坏的两种主要形式。电压稳定性破坏是由于系统中电源无功出力小于无功负荷,即无功功率不足引起的,而频率稳定性破坏则是由于系统中电源有功出力小于有功负荷,即有功功率不足引起的。[1] 当电源无功出力小于用户无功负荷而产生无功功率缺口时,电压下降,到一定程度后就会造成系统电压崩溃和大面积停电的结果。当电源有功出力

---

[1] 无功功率和有功功率是电工学上的一组十分重要且特殊的概念。有功功率反映的是电能转化为其他能量的数量,产生有效功率;无功功率反映的是电源和动态元件(即电容和电感元件)之间能量转换的情况和数量,不产生有效功率。交流电系统在生产有功功率的同时就孕生了无功功率,对于消耗相同数量有功率的负荷,它所需要的无功功率越大,就要求有更多的电源设备容量。电源无功出力与用户无功负荷是否平衡决定了电压的稳定性;电源有功出力与用户有功负荷是否平衡则决定了电网频率是否平衡。

小于用户有功负荷而产生有功功率缺口时,系统频率就会降低。一旦缺口过大,系统频率大幅度下降,部分发电机组就会自动退出运行,导致频率进一步下降,如此循环下去将最终造成系统崩溃。

电力系统的稳定性管理对于保障系统安全运行和供电可靠性起到至关重要的作用。为了维护电力系统的稳定,要求系统调度机构实施一系列辅助服务,包括运行备用、无功出力、安全静止无功补偿和无功发生器等电压控制设备。辅助服务大多数都是发电厂提供的,系统调度机构主要通过调度发电厂的出力来实施管理电力系统的辅助服务。

三、电力产业的市场特征

电以及电力系统的特殊属性决定了电力产业具有其特定的市场条件,电力的市场基本条件对于电力产业组织具有决定性的作用,包括产业组织结构、企业行为、经济绩效以及政府对电力产业的管理政策等。市场条件包括供给和需求两个方面。

(一) 供给特征

1. 电力产业中自然垄断性与潜在可行竞争性并存

传统上,电力产业被视为自然垄断行业,即在一个特定的区域范围内通常只有一家企业提供供电服务,因为电力产业的技术特性决定了独家经营才是最经济的。的确,电力行业是一个高度资本密集型的产业,需要大量的固定资产投资。特别是作为电力行业基础设施的电网环节具有典型的规模经济特征。电网的建设需要占用大量的土地和资金,电网建成后还需要进行必要的维护与管理,这些都形成了与输配电量大小无关的固定成本;而电网为用户提供输配电服务的边际成本则很低。电网环节的规模经济性意味着在任何一个区域,只有一套输电线路才符合效率标准。对于用户来说,输配电服务必然是垄断的,没有选择权。①

当然,一个输电网络所覆盖的区域范围,或者说在多大程度上实现输电网络的横向一体化则取决于一系列因数,包括资源条件、输电技术、燃料运输成本等。如果一个国家不同地区的资源条件差别较大,需要在更大的范围内优化配置资源,同时用于发电的煤炭等燃料成本的运输成本较大,则需要在更大范围内实现电网互联。另外,输电技术的发展使长距离输电变得更为经济,也会扩大电网的覆盖范围,即电力系统在横向上实现了更大程度的一体化,甚至形成了全国性的统一电力系统。不同于高压输电环节,配电环节是相对分散的,即在一个系统内部,存在多家配电站负责提供不同地区的配电服务。因为长距离中低压输电在经济上是不可能的,这决定了一个配电中心的辐射范围必然是有限的,配电环节是分散的。配电环节的分散性仅仅是地域范围内的,而不是一个地方有多套配电线路。不管配电环节的分散程度如何,每个地区都只有一套配电线路,对于终端用户来说,配电服务仍然是垄断的。因此,配电环节的分散性与竞争和用户选择无关。

不同于网络环节,在电力的生产环节具有潜在可行竞争性(workable competition),具有用户选择的潜在可能性。发电企业同样具有规模经济性,包括发电机组、发电厂和企业三个层面。发电机组的效率与其容量直接相关,较大的单机容量可以提高机组效率,降低单位造价,一般认为核电站的最优容量为 90 万—100 万千瓦,火电机组的最优容量为 50 万—60 万千瓦。对于发电厂来说,由于不同的发电机组可以共用厂房、设备等,一定规模的发电厂能够保证工厂的生产能力、劳动生产率和经济效益的提高。而企业层面上的规模经济性则来源于一家企业同时拥有多个发电厂时,不同电厂可以共享生产技术、专业人才和统一的金融、营销、管理等服务。上述三个层面的规模经济性决定了发电企业必须具备一定的规模才能保证效率。但是,发电环节的规模经济性并不必然以为其具有自然垄断性。在一些

---

① 在早期的电力行业中存在激烈的竞争,比如 19 世纪 80 年代末 90 年代初的美国芝加哥成立了二十多家集发电、输电为一体的电力企业,各电力企业都建设有自己的配电网进行激烈的客户端竞争,导致了严重的重复建设和效率损失。随着输电技术的进步,电网的覆盖范围扩大,基础设施建设所形成的固定成本越来越大,重复建设输电线路在经济上变得不可能。1909 年爱迪生的秘书萨缪尔·英苏尔通过兼并芝加哥所有的电力企业形成垄断,并在国家电力照明协会主席的执政演讲中解释电力产业为什么是一个自然垄断行业。此后,人们普遍把电力产业整体地视为自然垄断行业,直到 20 世纪 90 年代。

小的国家,或者输电网络不发达的地区,规模经济性可能的确意味着发电垄断。但是随着输电系统的发展,市场范围越来越大,系统内的用电负荷也随之增加,光靠一家企业来生产电力可能会导致规模不经济。另外,发电技术的发展也使得发电企业的最优规模缩小,比如20世纪80年代发展起来的联合循环汽轮机的效率与其单机容量的大小并不存在显著的线性关系,与传统电厂相比,其厂房所需要的土地也大大缩小。总之,在一个系统内部,可以形成多家发电企业相互竞争的格局,在发电环节可以实现有效竞争。

2. 电力资产具有专用性和沉淀性

不管是发电设施还是输配网络,电力资产都具有较高程度的专用性,形成大量的沉淀性成本。通常地,一个发电机组只适用于一种驱动力。比如,水力发电机组无法改用蒸气驱动,燃煤发电机组难以用石油和天然气作为替代燃料,甚至不同的燃煤机组对电煤也有不同的要求,因为燃煤锅炉一般被设计为只适宜燃烧一种或有限几种特定质量的电煤。由此可见,发电企业的资产具有"原材料专用性"。发电企业在建设电厂的时候需要原材料(如煤炭)的可获得性、水资源、交通运输设施的可获得性、现有电力输送体系以及环境保护压力等客观条件,发电企业的资产也因此具有"场地专用性"。另外,由于电能无法储存,发电厂所生产的电能必须通过专用的线缆即时地传输给消费者,电厂的生产过程同时也就是需求侧消费过程,生产者与消费者之间必须通过专用的线缆不间断地连接,发电企业的资产因此具有"时间专用性"。资产专用性使得发电企业的资产具有沉淀性,企业一旦建成,发电厂进入该行业后,就很难无成本或者低成本地退出市场。

输配电资产的专用性和沉淀性比发电资产更为明显,程度也更深。输电线路和输变电设施都通过铁塔、电杆等固定在地上,正如铁路行业中的轨道一样,输配电资产属于沉淀性资产。

3. 电力产业具有范围经济特征

电力系统作为一个有机的整体,系统中各环节的运行要求保持高度的协调性,这就决定了电力产业具有范围经济性,即由一家企业跨环节提供一体化的供电服务,在技术成本层面上更具效率,[①]因为这有助于节约各环节间的协调成本。

首先是发电和输电的范围经济性。对于电力生产企业来说,其所生产的电能需要通过专用的电缆输送给终端客户实时消费掉。如果电力生产者通过第三方网络电缆输送电力给客户的权利缺乏外在的制度保障,那么,寻求与电网企业实现纵向一体化或者准一体化将是发电企业发展的必然选择,以此来节约协调成本(即交易成本)。从输电企业的角度看,为了维持电力系统安全稳定运行的不平衡量管理、线路阻塞管理以及辅助服务,等都需要通过随时调度发电厂的出力来实现,因此与上游发电企业实现纵向一体化,通过企业内部来达成管理电网所需要的交易可以有效节约协调成本,系统调度中心控制一体化了的企业所拥有的发电厂的生产水平以适应消费的随机变化,从而确保发电量与用电量的实时平衡,确保系统稳定运行。发电企业与输电企业间的范围经济不仅体现在短期运营上,还体现在长期的容量建设上。发电容量与输电容量的建设需要相辅相成,没有发电机组的输电线路建设与没有输电线路的发电机组建设一样都是不可取的,都会形成无效生产能力。在一体化的企业内部对发电容量和输电容量建设进行统一规划有助于降低协调成本,更好地实现发电资产与输电资产的优化配置。

其次是输电环节与配电环节间的范围经济性。对于输电和配电两个环节,不管是大规模高压输电的电缆网络还是在中低压下将电流分别输送给消费者的配电站和地方配电线路,它们所具有的共同特征就是需要有较大的基础设施方面的固定投入,二者都有导线和电杆,并且彼此完全相连,共同组成了电流输送系统。光有高压电网而没有地方配电站和地方线路,与光有地方线路而没有高压电网一样都无法把电传送给终端用户。输电网络与配电线路共同组成输电系统的整体,二者没有一个绝对的区分界限,二者的统一运营管理有助于实现电网的统一管理,有助于共享技术、人才和材料等方面的资源,有助于减少二者的协调成本。

(二) 需求特征

电力产业是国民经济基础产业中重要的公用事业。电能作为最重要的二次能

[①] 除了技术成本外,另一重要的成本是制度成本,一体化的电力公司由于垄断而导致的各种效率损失在制度成本层面上被认为是无效率的。

源在生产和生活中发挥着不可或缺的动力能源作用,电能的市场需求主要包括工业生产用电、商业用电和居民生活用电等。作为特殊的能源产品,电的市场需求具有如下几个特征:

1. 电力产品缺乏替代性,需求价格弹性低

电能在某种意义上是难以替代甚至是不可替代的,即使电价升高,用户迫于生产和生活的必需,也不能不消费电能。因此,电力需求的价格弹性较低,即需求曲线较为陡峭。电力需求缺乏价格弹性使得电力企业具有较大的运用市场势力的空间,产量的小量变动将会导致价格的大幅度变化。

2. 电力需求具有典型的季节性和时段性特点,短期需求具有可预测性

电力需求在一年当中甚至在一天当中具有显著的用电高峰期和低谷期。一年中,夏季空调使用量大,冬季需要取暖和照明,用电高峰季节一般出现在这两个季节;一天中,夜里用电少,早晨用电负荷开始上升,一般在下午达到高峰,特别是在天气炎热的夏天。在峰谷需求特征下,对电力需求的短期、超短期预测可以做得十分准确。短期可预测性可能增强发电厂商的市场操纵力。例如,应用目前的技术手段,对次日的电力需求预测时段可以细分至每小时12个时段甚至更多、更细,误差可以不超过2%。这就为厂商掌握市场提供了足够的信息,使其能够根据市场需求,制定自己的生产策略,客观上增强了操纵市场的能力。

3. 电力需求与经济增长同周期,长期波动具有不确定性

一个国家或者地区生产和生活的用电需求总量主要取决于经济发展水平及产业结构:经济发展水平越高,国民生产和居民生活所耗费的电力总量也越多;工业,特别是钢铁、建材、有色金属、化工等重工业行业是高耗能产业,在工业化进程中,特别是重化工业加速发展的时期,全社会用电需求会大量增加。比如,2000年美国电力零售销售量为3.4万亿千瓦时,而同期中国全社会用电量则不足1.4万亿千瓦时;不过,2000年以来,在重工业快速发展的背景下,中国全社会用电量的平均增速超过同期GDP的增长速度,即电力需求弹性系数(用电需求增长率与同期经济增长率的比值)大于1。由此可见,电力需求与经济增长具有同周期性,二者拥有相同的高峰期和低谷期,不过二者波动的幅度不同。由于电力需求的长期波动性特征,对电力需求的长期预测具有较大的不确定性。

4. 电力需求具有普遍性,电力行业还承担着较大的社会责任

电力是现代文明条件下所不可或缺的重要的生活资料。在经济社会中,存在一些弱势产业(如农业)和弱势群体(如低收入阶层),以及地处农村和边远地区的人口,他们同样需要基本的供电服务。为了保证这些弱势产业和弱势群体的用电需求,保证农业生产和居民生活的用电需求,要求政府对电力行业进行必要的管理。通过政府的行业管理政策,通过交叉补贴等方式以较低的价格向农业生产和居民生活提供供电服务。特别是向农村用户和某些城市居民用户提供电力服务,以实现用电上的普遍服务和社会公平。除了实现保障社会公平的目标外,电力行业还要求政府加强管理以实现安全生产、促进环保和可再生能源发展等社会目标。

第五章 电力产业组织基本模式

特定的经济技术属性决定了电力产业具有特定的组织方式,包括产业组织结构和政府对产业的管理方式。当然,由于各国具有不同的资源禀赋和外部制度安排,具体的电力产业组织方式也会存在国别差异。另外,随着技术的发展和制度的演进,电力产业组织结构与政府管理方式也会发生变迁。

一、传统的电力产业组织模式

在20世纪90年代之前电力工业发展的头一百年里,世界电力产业组织有两种典型的共同特征:纵向一体化和垄断,即在特定的区域范围内,通常只有一家电力企业提供集发电、输电、配电和售电为一体的供电服务,终端用户没有选择权。图5-1形象地反映了这一传统的电力产业组织结构。

(一)纵向结构

如图5-1所示,发、输、配等环节的纵向一体化是传统电力产业组织的共同基本特征,这与第一章所分析的电力产业的技术特性和市场特征有直接的关系。对于发电企业来说,由于电能无法储存,电厂所生产的电能需要通过输电线路传输给

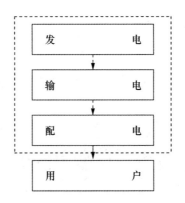

图 5-1　纵向一体化的电力产业组织结构

终端用户进行实时消费。如果没有外在的制度安排来保障发电企业可以随时使用输电网络，则发电企业会寻求与输电企业的纵向一体化以保障其输电权利。对于输电企业来说，维持电力系统稳定运行所需要的不平衡量管理、阻塞管理和辅助服务等都需要随时调度发电厂的各种出力。通过一体化发电环节，在一体化的企业内部进行管理电网所需要的各种调度，可以有效节约协调成本。另外，在一体化的企业内部对发电容量和输电容量建设进行统一的规划安排，能够更好地实现发电资产与输电资产的优化配置。因此，只要输电网络参与电力市场交易，就会积极寻求与发电企业的纵向一体化以解决交易成本。至于输电与配电，二者共同构成了完整的电力传输系统，没有一个绝对的区分界限，二者的一体化有助于实现电网系统的统一管理。

当然，受各国的法律、政治制度、技术特征和国际环境等外部因素的影响，传统的电力产业也并不完全是"铁打一块"的。对完全纵向一体化的例外主要包括两种。第一种是在发电侧存在独立的发电企业，向一体化的电力公司销售其所生产的电能（见图 5-2）。不过，由于独立发电企业所生产的电能只能出售给一体化的电力企业，发电资产的专用性决定了其不可能真正"独立"。比如，1978 年美国为了推广环保的小电源项目，颁布了《公用事业规制政策法》（PURPA），要求电力公司必须按其不建厂，而可避免的成本从某种类型的独立发电厂商购电。这种购售电合同通常都是电厂寿命周期的长期合同，即合同的期限是整个电厂的生产寿命周期。实际上，这是一种准一体化的方式，与市场竞争无关。

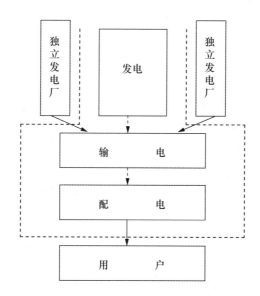

图 5-2　传统电力产业组织中的独立电厂

对完全纵向一体化的另一种例外是配电环节从发电与输电中分离出来,由大型的发电、输电一体化的供应商向多个配电企业批发电力,配电企业负责把电能配送和销售给终端用户(见图 5-3)。比如,改革前的英格兰和威尔士的电力部分主要由中央发电局(CEGB)和 12 个地方电力局组成。中央发电局在发电和输电领域拥有绝对的垄断权,负责向地方电力局提供电力;地方电力局拥有配电网并为其所在地区的所有终端用户提供垄断性的供电服务。不过,由于发电、输电一体化的企业在批发市场上处于卖方垄断地位,加上配电企业进行了大量具有地方专用性的沉淀

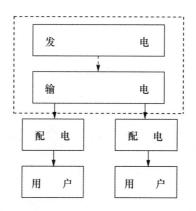

图 5-3　输配分离的电力产业组织结构

性配电设施投资,所有的配电企业都只能依附于电力供应商,与其签订长期契约,这种通过长期契约建立起来的关系是一种准一体化的组织方式。比如,英国的中央发电局与地方电力局虽然在业务上是独立的,但是二者都是国有企业,其所有权都是中央公共所有权,从这一层面上,二者并不是完全独立的。

(二) 横向结构

如果说在传统的电力产业组织模式下纵向一体化是共同的特征,那么,在横向结构上则具有较大的差异性。当然,这里的横向结构与通常法律意义上的市场集中度(或分散程度)不同,因为在发、输、配一体化的格局下,垄断得以从输电环节扩张到发电与配电环节。传统电力产业组织在横向结构上的差异主要体现在输电网络与系统调度上,即电力系统的横向一体化程度上。在有些国家和地区,电力系统高度集中,甚至整个国家只有一套电力系统,比如改革前的英格兰和威尔士、法国、意大利等国家。而在有些国家和地区,电力系统则是分散的。比如,美国的电力系统高度分散,拥有200多个输电系统,还有大约140个地区性的系统调度中心。中国的电力系统是以省级电力公司为基础建立起来的,即"省为主体",并通过互联省级电网形成区域电力系统。近年来则试图以超高压输电网络为主体框架,建立全国互联的统一电力系统。

电力系统的集中或分散受资源、技术和制度等多种因素的影响,各有利弊。集中的电力系统有助于在更大的区域范围内实现电力资源的优化配置,特别是一些不可运输或者难以运输的电力资源,比如水电。在美国,输电网络和系统调度中心的横线分散被认为是电力批发市场发展的主要障碍。[1] 当然,统一的电力系统也有其弊端,主要体现在系统的安全稳定运行上。第一章所分析的电力系统的特殊性决定了某个节点的故障会迅速传导到系统中的其他节点,甚至会导致整个系统的崩溃。而在分散且独立的电力系统中,一个系统的问题不会传导到其他系统上。

---

[1] 参考 Kahn E. 1997. Binding Constraints on Electricity Restructuring: An Inventory. San Francisco: NERA.

(三) 产权结构与规制

传统电力产业组织方式的国别差异不仅体现在横向结构上，在产权结构和政府对电力行业的管理方式上也存在较大差异，反映了不同国家在"办电"模式上的差异。在产权结构上，主要包括私有产权、中央公共产权和地方公共产权三种，其典型代表分别是美国、英国和德国。美国电力产业中有75%是由彼此独立的民营电力公司所组成，其他的25%是由联邦、州及市政层面的政府所拥有的公共电力企业和用户所拥有的电力合作社组成；改革前英国的中央政府对电力资产拥有绝对的主导权；而在德国，联邦政府不拥有这些产权，地方和区域公共权力机构拥有绝大多数的产权。一般地，私人所有权和地方公共所有权决定了其电力系统在横向上是分散的，因为很难有一家民营公司或者地方公共权力机构能够垄断全国的电力产业；而中央公共所有权的电力系统则有条件实现横向一体化，在全国范围内实现电网互联。由此可见，产权结构与横向结构在很大程度上具有直接的关系。

电力产业的市场特征决定了政府管理的必要性，特别是在纵向一体化和垄断的产业组织格局下，要求政府部门加强对电力产业的规制，以解决市场失灵问题。对于民营电力公司，通常都是由专门的规制机构进行经济规制。规制的主要目的是防止垄断企业人为制造稀缺以抬高市场价格；规制的主要内容是价格规制和市场准入规制；规制的主要手段是通过核定垄断企业运营成本来制定规制价格，在保证企业获得一定收益率的同时防止企业获得过高的超额利润。因此，价格规制的前提是需要控制企业的成本，需要确定所需投资的设备容量，同时还需要防止企业为节约成本而降低产品或服务的质量。可以说，规制当局需要了解企业运营的各种细节才能确保规制的有效性。对于公共所有权企业，其规制权力通常都掌握在拥有这些所有权的各级政府部门或者议会的手中。公共企业的投资、成本、产品质量和价格等都受到公共权力机构的直接或间接的控制。

二、竞争性的电力产业组织模式

传统电力产业组织模式的基本特征是纵向一体化和垄断，规制或公有企业成为市场竞争的替代,政府通过对民营电力公司实行经济规制或者直接经营电力工业来解决公用事业的市场失灵问题。随着技术的进步和市场的演化,20世纪80年代以来,人们逐步认识到电力行业的自然垄断性主要体现在输配电服务,而在发电和销售环节则可以引入竞争,并在理论上探讨几种竞争性的电力产业组织模式。[①]

(一) 单一买方模式

所谓的单一买方模式是指把发电环节从输配电环节中独立出来,在发电侧组建多家相互独立的电能生产企业。发电企业把所生产的电能卖给输配电一体化的电网公司(或称电力公司),电网公司再把电能配售给终端用户,如图5-4所示。

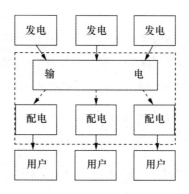

图5-4 单一买方模式

从直觉上讲,由于在发电侧形成了多家生产企业相互竞争的格局,发电企业在"竞价上网"的规则下,会努力提高效率、降低成本,实现电力市场竞争的目标。实际上,仔细地分析就会发现这种直觉是错误的。我们将分三种情景来讨论这种模式的无效性。

第一种情景,一体化的电网公司不受政府规制,按利润最大化的原则行事。这里存在两个市场,一个是发电企业把电出售给电网公司的市场,另一个是电网公司

---

① 参考 Joskow, P. L. and R. Schmalensee. 1983. 和 Hunt, S. and G. Shuttleworth. 1996. Competition and Choice in Electricity. London: Wiley.

把电配售给终端用户的市场。我们称前一个市场为批发市场①,后一个市场为零售市场。在批发市场上,发电企业所生产的电能只能卖给电网公司,没有其他选择权,形成买方垄断;在零售市场上,终端用户只能从电网公司购买电能,没有其他选择权,形成卖方垄断。这样的市场结构必然会导致效率损失。在批发市场上,电网公司作为垄断的买方,其向发电企业购买电能的同时转售给终端用户所获得的边际收益决定了其支付意愿,不难理解,这构成了批发市场上的需求曲线。电网公司的购电成本反映在其边际支出(marginal outlay)曲线上。在发电企业边际成本递增的条件下,电网公司增加购买一单位的电能,不仅增加了其最后一单位电能的价格,还会导致其所有购买的电能的价格上涨。换言之,垄断买方的边际支出曲线在生产企业的边际成本曲线之上。② 在没有政府规制的情况下,电网公司依据利润最大化原则来决定批发、趸售多少电能,利润最大化的条件是边际支出等于边际成本。以 P_1^* 的价格购买 Q_1 单位的电能,并以 P_1 的价格转售给终端用户(见图5-5)。显然,这与社会福利最大化的电价水平相去甚远。③ 实际上,买方垄断与卖方垄断导致效率损失的原理是一样的,都是依靠人为制造稀缺来提高市场价格以实现垄断者的利润最大化。因此,在单一买方模式下,即使发电侧能够实现充分竞争,效率损失依然不可避免,也依然需要加强政府规制。从规制方式上看,主要包括收益率规制和激励性规制两种。

第二种情景,对电网公司实施收益率规制。所谓的收益率规制实际上是一种成本加成的定价方式,规制当局根据电网企业的资本成本和运营成本情况核定输配电价格,上网电价由发电企业根据"竞价上网"的原则决定,并与输配电价一起构成终端价格。问题在于,电能的上网价格被转移给终端消费者,电网公司缺乏降低购电成本的激励。在这样的情况下,要求规制当局规制电网公司的购电价格,无法真正实现竞价上网。这和传统一体化格局一样存在规制的政府失灵,传统一体化

---

① 指生产企业进行的批量销售。这种市场有时候又被称为"趸售"市场,是指对转售者的销售,电网公司扮演着转售者的身份,为了对终端用户售电而向发电企业购电。

② 一个简单的数学证明:假设发电企业的成本函数为 $TC=F+\frac{1}{2}cQ^2$,则其边际成本函数为 $MC=cQ$,而垄断买主的总支出函数为 $TO=cQ*Q$,边际支出函数为 $MO=2cQ$。

③ 在不考虑输配电环节的边际成本的情况下,社会福利最大化的条件是发电企业的边际成本与市场需求曲线相交,即图2-5中的点 (Q_2, P_2)。

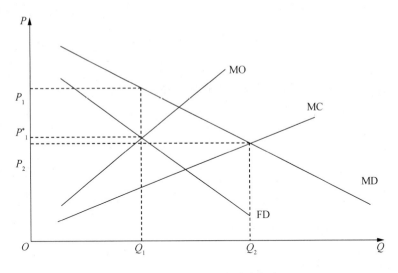

图 5-5　买方垄断下的效率损失

下存在的所有问题在这里也会同样地存在,也就无法实现改革的预期目标:通过发电侧竞争来提高效率、降低成本。

第三种情景,对电网公司实施激励性规制。即规制当局制定电能的终端销售价格,上网电价由市场竞争决定。在这样的规制方式下,电网公司有足够的激励来降低购电成本。但是,这里存在两个问题。一是终端销售价格的确定问题,如果终端价格定得太高,电网公司会获得更多的超额利润;反之,如果价格定得太低,则会导致电网公司亏损。另一个问题与第一种情景分析的类似,终端销售价格确定后,电网公司的边际收益函数也就给定了,由于其边际支出曲线在发电企业的边际成本曲线之上,电网公司为了节约成本将会减少批发市场上的购电量。最终的均衡结果是电网公司的边际支出曲线与边际收益曲线相交处,这会导致社会福利损失,同时还会造成零售市场上的电力供需缺口。实际上,在发输配一体化的格局下,如果能够有效实施激励性的规制方式,则一体化的电力公司为了实现其利润最大化,同样会努力提高效率、降低发电领域的成本。换言之,单一买方模式是没有必要的。不仅如此,考虑到第一章中所分析的发电企业与电网企业之间的范围经济性,长期来看,发电企业与电网企业会寻求纵向一体化以降低交易成本。即使纵向一体化被规制当局禁止,在单一买方模式下,电网公司也会与独立发电厂商签订长期

(电厂寿命周期)购售电合同,合同价格作为捆绑电费的一部分。合同电价一般包括两部分,一是为回收独立发电商固定成本而确定的固定年费用,二是为回收生产每单位电能的可变成本而确定的费用。市场风险、技术风险和信用风险都转嫁给最终用户。实际上,这只不过是用准一体化形式替代了原来的纵向一体化形式。在这种准一体化的模式下,购售电合同中有关技术标准、燃料和电厂设置地点通常由电网公司规定,这就损害了发电市场上竞争的有效性,因为新技术、新燃料和新地点的选择能够获得较高的效率。

(二) 批发竞争模式

所谓的批发竞争模式是指对原来的纵向一体化的电力产业组织结构进行拆分并重组成相互独立的发电、输电与配电三个环节。发电企业作为电力批发市场上的卖方,而配电企业则作为电力批发市场上的买方。输电网络和系统调度中心被组成一个独立的利益主体,独立于电能批发市场交易,只提供具有垄断性的输电和系统调度服务。在零售环节,地方配电企业为其所在地方的所有用户提供垄断性的供电服务。我们用图5-6直观地描述批发市场竞争模式下电力产业组织结构。

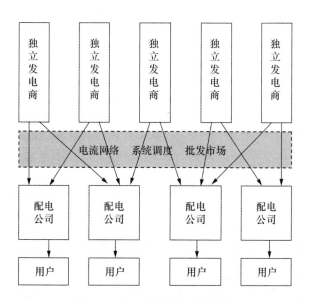

图5-6 电力市场批发竞争模式

在批发竞争模式下，整个市场范围内具有自然垄断性的输电网络与系统调度中心只提供输电和系统调度服务并收取相应的受规制的服务费用，而不参与电能的市场交易，这就确保把垄断留在输电和系统调度环节，而不扩张到电力的买卖环节。同时，输电网络和系统调度中心对所有市场参与者都保持中立的态度，对所有的发电企业和供电商实行无歧视性的开放准入，在使用输电网络的机会和使用输电网络的费用上采取同等待遇，并对所有的市场参与者实行公平的调度，以维护公平的竞争环境。在电力批发市场上存在多家发电企业与多家地方配电企业，它们构成了电能批发市场交易的买卖双方，在市场上进行竞价交易。通过分拆与重组，形成了多家独立的电力生产厂商，这些独立的发电厂商在批发市场进行竞争。[①] 另外，由于剥离了具有高度沉淀性的电网资产，在发电侧的市场进入壁垒大大降低，在批发市场上，实际竞争和潜在竞争都可以有效。价格不再是基于成本补偿原则的规制价格，而是根据市场供给需求情况来决定。电力生产厂商是否进入或者退出某个市场也不再需要受到政府的规制，而是由投资者根据市场条件自主决策。作为批发市场上的买方，地方配电（供电）企业在批发市场上从价格最低的发电厂商处购买电力，而不是自己新建发电厂来满足其所专营的地区的不断增长的用电需求，包含在零售电价中的发电电价的规制也不再基于补偿发电厂的成本，而是基于批发市场的平均价格。

批发市场竞争模式的主要问题在于保留了配电公司对终端用户供电服务的垄断性，用户没有选择权。尽管在批发市场上可以保证拥有足够多的买方和卖方，但是作为批发市场上买方的地方配电公司并不是终端消费者而是趸售者。在这一点上与单一买方模式下的电网公司类似，必然要求政府相关部门加强对地方电力公司的规制。如果对地方电力公司实施成本加成的价格规制方式，即根据批发市场上的价格、输电价格和配电价格来确定终端市场价格，把批发价格全部转移给终端消费者，则配电公司缺乏降低购电成本的激励。配电公司容易与发电企业进行合谋，成为腐败的滋生地，从而损害批发市场竞争的有效性。为了激励配电企业降低

---

① 根据 Green(1996) 的研究，为了阻止批发市场上的垄断行为和供给者间的合谋，确保市场竞争，至少应有 5 个独立的生产者，且每个生产者拥有的市场份额不超过 20%。

购电成本,可以采用激励性的规制方式,固定终端销售价格而不规制发电企业的购电成本。在这样的规制方式下,配电公司降低购电成本就等于增加利润,具有降低购电成本的完全激励。但是这里又存在两个问题,第一,在信息不对称的条件下,规制当局难以确定一个合理的终端销售价格,特别是在批发市场运行的初期,规制当局对电力生产成本和批发市场上的平均价格的信息相对有限。如果终端电价定得过高,则配电公司将获得大量超额利润,损害终端用户的利益;反之,如果价格定得过低,则会导致配电公司亏损,影响其转售电能的积极性。第二,在固定终端销售价格的条件下,缺乏需求侧用户响应机制,配电公司承担批发市场上价格波动的所有风险。为了规避风险,配电公司通常会谋求与发电企业签订长期的购电合同,甚至会谋求与发电企业的纵向一体化,以拥有自己的发电厂。由于配电公司在其所管辖的区域范围内拥有供电的垄断权,当配电公司与发电厂的准一体化或者一体化达到一定程度后,就会损害电力市场竞争的有效性,迫使规制当局不得不重新规制发电环节的成本与价格。由此可见,批发市场竞争模式并不是实现有效电力市场竞争的最终模式,最重要的是由于缺乏用户选择权和需求侧响应机制。

(三)用户选择模式

用户选择模式(consumer-choice model)又称零售市场竞争模式,是指对原有的纵向一体化的电力产业组织结构进行分拆重组。在发电侧形成多家相互竞争的独立的电力生产厂商,保证发电环节的分散程度和竞争性。输电网络和系统调度中心也仍然作为一个独立的利益主体只提供输电和调度服务。在此基础上,为了在零售环节引入竞争,还需要剥离传统产业组织中与零售相连的基础设施,即配电资产,并在一个零售市场上引入多家零售厂商提供售电服务,使终端用户可以选择不同的供电商。图5-7直观地描述了用户选择模式下的电力产业组织结构。

在用户选择模式下,存在电能批发和零售两个市场。具有自然垄断特性的输电网络、系统调度和配电环节都独立于电力市场交易,只提供垄断的输电服务和配电服务,其服务价格受政府规制,这就保证了把电力行业中的垄断问题留在输电和

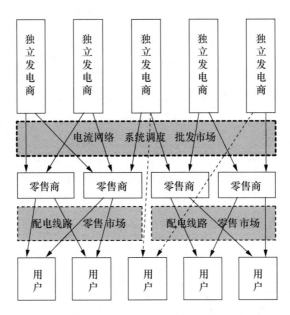

图 5-7 电力市场用户选择模式

配电环节,而不会扩张到发电和销售环节。另外,所有市场参与者在使用输电网络和配电线路方面的机会是均等的,这将有利于维护一个公平的竞争环境。在发电侧形成多家相互竞争的独立发电厂商,它们可以在批发市场上把所生产的电卖给零售商或者大用户,也可以通过自己的销售部门在零售市场上把电卖给终端消费者。销售价格不再受政府规制而由市场供求关系自主决定,电力生产厂商是否进入或者退出某个市场也不再需要受到政府的规制而是由投资者根据市场条件自主决策。在用户选择模式下,向终端用户供应电力的不再是配电企业,也不再只有一家供电商销售电力,而是由多家竞争性的供电商向终端用户销售电力,市场上的供电商可以是发电厂商也可以是专门的代理商或零售商。所有的终端用户都有权选择和变更自己的供电商,安排自己的电力供应。在市场竞争有效发挥作用的条件下,零售价格也因此由市场供给需求情况决定,而不再受政府的规制。

在用户选择模式下,不管是通过自己的销售部门还是零售商,发电企业本质上竞争的是终端用户。发电企业生产多少主要由其用户决定,一方面,发电企业之间的相互竞争会促进企业改进技术、提高效率、降低成本;另一方面,于终端用户的交流有助于发电企业更好地掌握电力需求的相关信息,更好地安排电力建设,从而优化电力投资、降低资本成本。降低运营成本与资本成本、提高生产性效率正是实现电力市场有效竞争的主要目标。另外,由于建立了用户响应机制,可以促使终端用户自我进行有效的需求管理,特别是在用电高峰期和电力稀缺的时期少用电,在低谷期多用电。这一方面有助于更好地节约能源,另一方面进一步优化了电力投资,减少了低谷期的资产闲置水平。总而言之,用户选择模式被认为是电力市场竞争的终极模式,电力市场竞争说到底是终端用户竞争。

第六章 电力产业组织变迁的经济机理

第五章的分析表明,总体上看,电力产业组织有两种基本模式。在20世纪80年代以前电力工业发展的头100年里,发输配一体化和垄断是传统电力组织模式的基本特征,没有市场竞争,规制或政府直接经营作为市场的替代发挥着约束企业行为、确保合意的经济绩效的作用。而以20世纪80年代末期英国的电力改革为标志,在全球范围内掀起了一场"打破垄断、引入竞争、解除规制"的电力自由化改革浪潮,电力产业组织逐步走向市场竞争。那么,为什么会发生电力产业组织变迁?或者说,为什么要在电力行业中引入市场竞争?作为电力改革的主导者,公共权力机构推动电力自由化的驱动力又是什么?本章结合第一篇所提出的"新马歇尔冲突",对电力改革进行政治经济学分析,提出一个电力产业组织变迁的基本逻辑。

一、政府失灵与电力改革

根据第一篇提出的新马歇尔冲突,在传统的纵向一体化的产业组织下,为了解决垄断问题,政府需要通过直接经营或者对私营垄断者进行经济规制,但是政府失灵会导致较高的制度成本。试图通过对私人垄断者实施经济规制或者通过政府直接经营的方式来解决垄断带来的低效率问题的主张则受到了两个方面的挑战。

第一,有效的政府控制要求主管部门是社会福利化者,但是在具体实践过程中政府部门及其主管者通常追求自身利益而不是社会福利最大化。这一方面的杰出研究成果是芝加哥大学的 Stigler(1971)提出的关于规制的"俘获理论"(Capture Theory)。该理论认为特定的利益集团可以通过"俘获"政策制定者,即垄断企业可以通过游说来使得规制政策的制定有利于自身的利益,这样政府的规制政策实际上不仅是没有解决反而加剧了垄断问题。

第二,信息问题。有效的政府控制要求政府当局准确地掌握管理行业所需要的完全信息,包括消费者的需求信息、生产者的技术与成本信息等。但是在具体的规制实践中却存在着大量的信息不完全与信息不对称,相对于参与日常经营和直接面向消费者的企业,政府规制当局处于信息劣势,这决定了传统的政府规制和政府垄断经营这两种产业组织方式的低效率,即通常意义上的"政府失灵"(government failure),有限信息约束下的规制政策通常会导致对企业行为激励上的扭曲,从而产生效率损失。在传统上,对垄断行业价格规制主要采取基于补偿服务成本(又称"成本加成")的定价原则。在具体的规制实践中,一般采取"收益率规制"方法。在这种规制方法下,一方面,由于在制定规制价格中经营成本完全得到了补偿,受规制的企业没有降低成本的激励,相反地,增加成本是其获得更高收益的主要途径,政府直接控制下的垄断行业中将不可避免地存在着严重的"预算软约束"(Kornai,1986)和"X-非效率"行为(Leibeinstein,1966)[①];另一方面,政府无法控制合理的投资水平,企业具有过度投资的动机,这就是著名的"A-J 效应"(Averch-Johnson effect)[②]。由 Laffont 和 Tirole 等发展起来的激励性规制理论虽然在一定程度上解决了激励问题,但是由于存在信息不对称,为了减少支付给企业的信息租金(information rent),政府在与企业签订规制合约时需要允许无效率生产行为的存在(Laffont and Tirole,1993)。

---

① Leibenstein(1966)提出的 X-效率理论认为,垄断公司的成本通常都是在实现了利润最大化的平均成本曲线之上。

② Averch and Johnson(1962)指出,在收益率规制下,企业通常会对固定资产进行过度投资。这种投资的风险完全由消费者承担。

政府目标、信息不对称和激励等方面的问题决定了在传统垄断行业经营体制下，必然因为激励上的扭曲而导致生产效率的低下，体现为高昂的经营成本和资本成本，并最终体现为过高的终端价格。这一点获得了经济学家大量的实证研究的支持。比如，在交通运输业方面，Douglas and Miller(1974)对美国航空业进行了实证研究，结果显示在不被规制的加州市场，从圣地亚哥到旧金山飞行 500 英里的航行价格要低于在 CAB 规制下的从俄勒冈州的波特兰到华盛顿州的西雅图飞行 300 英里的航行价格。[①] 在 20 世纪 70 年代从事交通领域研究的大多数经济学家断定，美国的运输业规制并不是其所宣称的保护消费者的利益，实际上是保护了被规制企业的经理和股东们的利益。在电力行业方面，Newbery(1999)对引入竞争前的电信行业的低效率和高成本进行了总结性的研究。在电信行业中，日新月异的技术进步使电信服务的成本急剧地下降，但由于电信服务成本结构的不透明，成本的大幅度下降并没有使价格发生大幅度的变化。在 1995 年，国际电信服务双寡头垄断格局终结前，英国和美国的国际通话的平均价格为 55 美分/分钟，而平均成本仅为 8.57 美分/分钟。除了高价格外，传统规制的最大代价是延误了新业务的引入。具体到电力行业，Joskow(1997)考察了受规制的美国电力行业的低效率与高成本问题。在传统的收益率规制下，电力企业在发电环节进行了大量的过度投资，比如兴建成本高昂的核电发电设备，特别是有些地区，如加州、纽约州、得州等，基于对燃料价格和需求增长的预期，在规制条件下进行了对发电厂的大量投资(特别是核电站的建设)，这些投资形成的历史沉淀成本需要通过分期补偿的方式被分解到捆绑式的电价中。另外，1978 年颁布的公用事业规制政策法案(PURPA)要求一体化的电力企业向使用新能源发电的独立中小发电厂商购买电能，并与其签订长期的购电合同。而实际的能源价格变化与用电需求增长都与当初政策制定时的预期大相径庭，这就给电力企业带来了巨大的成本负担，最终形成了高昂的终端消费者电价。在美国的东北部及加州地区，由于政府规制下形成的核电厂建设方面的历史投资以及 PURPA 下签订的高价格的购电合同，发电成本为 6—7 美分/

[①] 在美国，改革前州际的航行属于民用航空委员会(CAB)的管辖范围，而州内的航行则不在 CAB 的管辖范围内。

千瓦时;而在印第安纳和俄勒冈等地方,由于没有核电厂的历史投资和高价格的长期购电合同,低成本的燃煤发电及水力发电使得这些州的发电成本仅为2—3美分/千瓦时,很大的一部分价差反映了不同地区在电厂建设的历史投资和长期的购电合同所形成的沉淀成本上的差别。

传统垄断行业中的政府行政垄断或者政府规制所累积起来的低生产效率以及由此给终端消费者带来的高成本和高价格使人们逐步认识到,无论是政府直接经营还是受规制的私营垄断都只是市场竞争的"劣质替代品",只有在市场失灵、竞争不可行(unworkable)的情况下,政府才有必要进行干预。因此,在不受规制的企业间引入强有力的市场竞争才是解决垄断问题的最好方式。在充分的市场竞争条件下,市场需求变化、价格波动、技术变化等风险都由企业自己承担,而无法转嫁给用户。因此,企业将最小化其生产成本,投资建设最合理的发电容量,并选择最好的技术,从而避免了规制条件下生产的低效率与高成本。在短期与中期内,生产效率的提高主要表现在经营成本的降低,包括劳动力成本、原料成本等。Newbery and Pollitt(1997)对英格兰和威尔士的电力改革的实证研究发现,市场化改革后劳动生产率显著提高:改革前的1989年,中央发电局的销售量为2 550亿千瓦时,劳动力人数为47 264人,而改革后的1995年的销售量为2 790亿千瓦时,劳动力人数却大幅度减少为21 057人。除了劳动力成本显著降低外,1990—1996年火力发电(指煤炭与天然气发电)的单位燃料成本下降了45%,核电发电的单位燃料成本下降了60%。从长期看,电力改革带来的生产效率的提高主要反映在合理的系统容量投资上,以降低资本成本(Joskow,1997)。

二、电力改革与市场失灵

前面的分析表明,在改革前的电力产业组织中,由于存在规制的政府失灵问题,导致生产效率低下并形成高昂的生产成本和终端销售价格,这是引致电力市场化改革的根本动因。改革的实践也证明了电力市场化的确有助于提高生产效率。但是,为什么这种低效率的产业组织方式能够持续存在上百年呢?另外,到目前为止,国际上电力体制改革也没有取得普遍的成功,甚至出现了美国加州电力危机的严重后果。人们不得不重新审视这场全球性的改革,改革的步伐也因此放慢甚至停止。这表明,传统的产业组织方式也有其存在的合理性,引入竞争的改革方式在提高生产效率的同时也带来了新的效率损失。

　　实际上,任何一种产业组织方式都有其特定的制度成本。政府经营或者受政府规制的传统垄断行业组织方式下的低生产效率与高成本构成了其组织的制度成本;在垄断行业中引入竞争、放松规制有利于提高效率、降低生产成本,从而降低了产业组织的制度成本,但改革后市场运行将产生市场交易成本[①],造成新的效率损失,从另一个层面增加产业组织的制度成本。在传统的自然垄断性行业的纵向一体化产业组织中,不存在市场竞争,所有的交易都是通过一体化的企业内部来完成的,终端用户只是被动地接受一体化企业提供的垄断服务。在电力市场竞争中,所有的交易都通过市场价格机制来完成,而价格机制的使用是有成本的(Coase,1937)。电力行业的技术经济特征要求有一个统一的系统调度中心,该中心的主要功能包括:根据需求的实时变化对发电厂的出力进行实时调度以保证发电量与用电量的实时平衡;对整个网络系统进行统一管理以解决外部性问题和阻塞问题;安排辅助服务以保证整个系统的稳定。在传统一体化的电力产业组织格局下,各种交易都通过企业内部完成,系统调度中心控制一体化了的企业所拥有的发电厂的生产水平以适应消费的随机变化,从而确保了发电负荷与用电负荷在每一秒钟都保持平衡;系统调度中心对整个电流网络系统的各个节点进行统一管理并安排辅助服务以维持频率、电压及整个电网的稳定性。竞争性的电力产业组织在打破垄断的同时也打破了传统的内部调度与协调机制。发电厂和销售企业等市场交易主体从输电网和系统调度中心分离出来形成了独立的利益主体,系统运营者因协调发电与输电的平衡、管理电流网络和安排辅助服务而需要调度发电厂时,运用的是价格机制,而不是原来的内部调度指令与控制,市场价格机制的使用是需要成本的。另一方面,在市场化条件下,发电企业、供电公司、零售商和终端客户等市场交易主体之间通过市场签约达成的各种交易蕴藏着市场交易成本。

---

　　① Arrow(1969)把交易成本定义为"经济系统的运行成本",交易成本在经济学中的作用相当于物理学中的摩擦力。

Joskow(1985)把市场交易成本概括为四个方面:获取和加工信息的成本、法律成本、组织成本以及无效率定价行为造成的效率损失。这四个方面构成了垄断行业改革后市场运行的主要成本,其中信息成本、法律成本、组织成本这三个方面的交易成本的发生将直接反映到市场交易主体的会计成本里,而无效率定价行为所造成的社会福利净损失虽然不体现在会计成本里,但它却是构成电力市场运行(机会)成本的一个重要方面。从社会福利角度看,垄断行业市场化改革后的信息成本、法律成本、组织成本以及无效率定价行为所造成的福利净损失将在一定程度上抵消来自生产效率改进的收益,如果交易成本的增加大于生产成本的节约,则将导致垄断行业市场化改革的失败,即"市场失灵"。

观察1990年开始运行的英格兰与威尔士电力市场发现,到1995年电力生产与传输环节的经营成本(不包括燃料成本与资本成本)比原来发电与输电一体化的中央发电局(CEGB)下降了19%(Newbery and Pollitt,1997)。但是,来自成本节约的收益在1998年之前并没有转移给消费者,而是大幅度增加了企业的利润率。改革后燃料成本与价格之间的差价反而增大了,发电与输电环节的销售收益率由改革前1988—1989年的12.9%增加到1995—1996年的38.3%(Newbery and Pollitt,1997),在电力市场中存在着严重的市场势力。由于会计报表中的经营成本实际上已经包括了信息成本、法律成本与组织成本等交易成本,英国的实践表明了电力市场化改革在生产成本上的节约大大超过了信息成本、法律成本与组织成本的增加,但是改革后市场势力的存在抬高了消费者价格,价格越高所导致的社会福利损失就越大。由此可见,无效率的定价所带来的社会福利净损失构成了电力市场运行的主要成本,垄断行业市场化改革的主要风险在于定价(pricing)问题。加州电力危机的爆发更显著地体现了垄断行业市场化改革的市场失灵风险:2000年夏天,在需求增加与天然气价格上升等因素的冲击下,批发市场电力价格急剧上涨,发电企业趁机操纵市场价格,进一步加剧了现货市场电价的上涨。最终导致了供电企业陷入财务危机,并迫使系统运营者采取轮流停电的措施,从而爆发了加州电力危机。

三、电力改革的政治经济学

综合一、二部分的分析,在电力产业中存在生产效率与交易成本的权衡(trade-off)。竞争性的产业组织模式有助于解决规制模式下的低生产效率问题,但是引入市场竞争后会增加交易成本,特别是存在市场失灵的风险。电力改革的成败取决于二者的权衡:如果在提高生产效率上的收益超过交易成本的增加,则改革将取得积极的成效;反之,如果交易成本的增加超过生产成本的节约,则改革将是失败的。从根本上看,效率问题是推动电力改革的根本原因。但是,主导电力改革的通常都是公共权力部门,这就决定了改革决策不会只是一个简单的经济问题,而是涉及"各种政治力量之间的平衡,相互竞争的利益集团的实力对比,技术和风险,国际压力的变化或者投资需求的变化等"多种因素。[①]

通常的情况是,当各种利益集团之间的利益冲突上升到矛盾时,政府当局就会试图通过改革来解决矛盾。当然,解决矛盾或者说改革存在多种可行的方案,改革主导者会采取成本最小化的改革方式,而不是最有效率的方案。不过从本质上看,利益集团矛盾地出现在很大程度上是由于效率问题引起的,如果产业均衡的结果是帕累托最优的,则任何人都没有改革的诉求。因此,无效率的产业组织方式累积到一定程度就会引发新的矛盾,从而引发新的改革诉求与实践。我们可以用图6-1形来直观地反映电力产业组织变迁的基本逻辑。

上述的电力产业组织变迁基本逻辑表明:① 电力改革主要是为了解决矛盾,这决定了改革往往不会一步到位而是渐进的;② 矛盾的产生主要是由于产业运行的低效率引起的,效率问题是电力改革的根本动因,这会使无效率的产业组织模式逐步向更高效率的产业组织模式演进。

为了说明这一逻辑,我们可以简单地观察一下美国电力改革的初始动因。在20世纪七八十年代,美国联邦能源规制委员会收到了100多个关于要求开放输电

---

① 参考戴维·纽伯里(David M. Newbery):《网络型产业的重组与规制》,人民邮电出版社2002年,第4页。

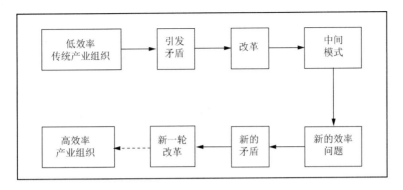

图 6-1　电力产业组织变迁的基本逻辑

接入的请求,主要来自市政电力公司或合作社,它们希望改变供电商。另外,工业用户与独立发电厂商也到处游说要求开放输电接入。[①] 为什么? 正如本章第一部分分析的,规制条件下一体化的民营电力公司积累了大量的资本成本,并最终转化为高昂的电价,特别是在加州、得州等地方,发电成本为 6—7 美分/千瓦时。而在印第安纳和俄勒冈等地方,由于没有核电厂的历史投资和高价格的长期购电合同,其发电成本仅为 2—3 美分/千瓦时。另外,新建的燃煤电厂、水电站和燃气蒸气联合循环发电机组的发电成本也普遍低于一体化的民营电力公司的发电成本,这就引发了这些利益集团的改革诉求,市政电力公司、合作社与工业用户都希望民营电力公司能够开放输电准入,从而能够从其他供电商处购买更为便宜的电能。而独立发电厂商也到处游说放开输电准入从而使他们能直接向用户售电。正是在这样的改革诉求下,1992 年美国颁布了《联邦能源政策法》授权联邦能源规制委员会批准批发市场的开放接入;1996 年《888 号法令》要求交易与系统运行进行分离,开放输电接入;1999 年《2000 号法令》要求民营电力公司把输电网络独立出来,组建区域输电组织(RTOs)和独立系统调度机构(ISOs)。在此基础上,根据《联邦能源政策法》的授权,各州负责零售准入,1994 年开始加州、马萨诸塞州等相继放开了零售准入。由此可见,规制模式下的高成本、低效率的积累,最终在电价方面引发了各利益集团之间的矛盾,并由此引发了美国电力改革。同样地,中国电力改革也是在利益集团的博弈下引发的。改革前发电领域一直存在"亲生子"与"非亲生子"的

---

① 参考萨莉·亨特(Sally Hunt):《电力市场竞争》,中信出版社 2004 年,第 238—240 页。

矛盾,独立于原国家电力公司的独立发电企业在电能上网方面与一体化到国家电力公司的发电厂处于不平等的竞争地位,原国家电力公司通常会有限地调度自己的发电厂,即使独立发电企业能够提供更为便宜的电能。1998年二滩水电站建成后的卖电难题与亏损问题是这一矛盾的集中体现。"亲生子"与"非亲生子"的矛盾最终引发2002年"厂网分开、竞价上网"的改革。"厂网分开"确实解决了各种发电厂竞争地位不平等的问题。但实际上,第二章的分析表明,"竞价上网"的单一买方模式并无法真正实现电力市场竞争,同样是一种无效率的产业组织模式,必然会引发新的矛盾和改革诉求。

第七章　电力产业组织变迁中的市场构造与规制

如果说规制(或政府直接经营)只是市场竞争的"劣质替代品",如果说打破垄断、引入竞争是解决传统电力产业组织方式下低效率与高成本的根本措施,那么,如何才能在电力产业中引入市场竞争呢?不同于一般的竞争性行业可以通过放开市场准入来引入竞争主体参与市场竞争,电力行业具有特定的经济技术属性,实现电力市场竞争也具有特殊的复杂性。本章从产业重组、市场设计和规制改革三个维度建立了一个电力产业组织变迁的基本框架,探讨如何才能在电力产业中实现有效的市场竞争。

一、产 业 重 组

第四章中对电力产业经济技术基本属性的分析表明,输电与配电环节具有自然垄断性,通过建设新的输电网络和配电线路来引入竞争在经济上是不可行的。而发电环节与销售环节则具有竞争性,可以引入市场竞争。但是,在传统的电力产业组织结构中,发输配等环节都一体化到一家企业,在特定区域范围内只有一家企业提供集发、输、配、售为一体的供电服务,垄断得以扩张到整个电力部门。并且,发电与输电的一体化是由二者之间的范围经济性所决定的,也就是说,纵向一体化垄断是产业市场演进的结果,而不是规制政策干预的结果。在这样的情况下,即使放开行业准入,也无法引入市场竞争,因为新进入者不拥有输配电资产,只能依附于一体化的垄断企业,无法参与竞争。因此,引入市场竞争的前提条件就是打破一体化垄断的产业组织格局,进行产业重组(restructuring)。

(一)"厂网分开"是实现电力市场竞争的必要条件

那么,如何进行强制性的产业重组才能打破垄断、引入竞争呢?Baumol et al (1982)提出的"可竞争市场理论"(Contestable Market Theory)为20世纪八九十年代国际上垄断行业改革中的产业重组提供了统一的理论依据。根据可竞争市场理论,有效的市场竞争包括在位企业间的实际竞争(actual competition)和在位企业与潜在进入者间的潜在竞争(potential competition)。如果一个市场是可以完全自由进入和退出的,则该市场就是完全可竞争的(perfectly contestable)市场,而在完全可竞争的市场中,潜在的进入威胁与在位企业之间的实际竞争一样可以有效地约束在位企业的价格和产量策略等行为,确保合意的有效的经济绩效的实现。"打了就跑式"(hit-and-run)的进入作为一种进入威胁,约束了在位企业的定价行为,即使市场上只有一家企业提供产品或服务,市场势力也会因为受到潜在的竞争威胁而不被滥用。那么,是什么因素决定着市场的可竞争程度呢?或者说什么样的市场才是可竞争的呢?可竞争市场理论认为决定一个市场的可竞争性的核心因素是沉淀成本。因为新的进入者需要承担沉淀成本,而在位企业不需要,沉淀成本构成了主要的进入壁垒,同时,由于沉淀成本使得进入者无法零成本地退出市场,构成了主要的市场退出壁垒。基于此,可竞争市场理论在关于政府的经济规制政策上提出了全新的理念,主张把构成沉淀成本的基础设施(sunk-cost facilities)剥离出来,由政府所有或者市场参与者联合共同拥有,并向所有的市场参与者无歧视性地开放准入。这就形成了垄断行业改革的"产业重组"(industry restructuring)的思路:对可竞争的生产服务环节与不可竞争的基础设计网络环节进行纵向分离,网络环节实施政府经营或政府规制,网络环节不参与市场竞争,只提供垄断性的传输服务并收取"过网费"。

具体到电力行业,输电网络设施一旦建成后就难以退出或者转移市场,具有高度的沉淀性。在一体化的格局下,一方面,电网环节的垄断性得以扩张到本来就具有竞争性的发电环节,不存在实际竞争;另一方面,沉淀性电网资产构筑了电力行业的进入壁垒,潜在进入无法对在位企业构成实质性的威胁,换言之,不存在潜在竞争。因此,打破电力垄断的首要条件就是实施"厂网分开"。基于可竞争市场理论的产业重组原则,应该把输电网络独立出来,不参与市场竞争,只提供输电服务。这样就可以把垄断留在自然垄断的电网环节,由政府经营或者政府规制,对每一位电力市场参与者实施无歧视性的开放接入。在发电环节,可以组建多家独立的发电厂商形成相互竞争的格局。另一方面,由于电网是独立的且实施无歧视性开放接入,同时潜在进入者与在位企业一样拥有输电权,这大大降低了市场进入壁垒,潜在进入威胁也可以在一定程度上有效地约束在位企业的行为。由此可见,"厂网分开"是实现电力市场实际竞争与潜在竞争的必要条件。

(二)"输配分离"不是实现电力市场竞争的必要条件

除了"厂网分开"外,在电力产业的纵向分拆与重组中涉及的另一主要方面是"输配分离",即对电网公司进行分拆,把负责配电业务的地方电力公司从电网公司中独立出来,电网公司只负责长距离的高压输电业务。有观点认为"输配分离"是实现电力市场竞争的必要条件,这是不正确的。第二章中对电力产业组织模式的概括表明,电力市场竞争包括批发竞争与用户选择两种模式,不同的市场竞争模式所要求的产业重组方式也必然不同。在批发竞争模式下,地方配电公司保留了对终端用户售电的垄断权,如果保持输配电环节的纵向一体化,则在电能批发市场上只有一家买方,形成买方垄断。第二章对单一买方模式的分析表明,买方垄断与卖方垄断一样会导致较大的效率损失,无法实现电力市场竞争。因此在批发竞争模式下,要求进行"输配分离"以保证批发市场形成多家买方相互竞争的格局。不过,如果引入用户选择权,让发电企业与终端用户直接进行交易,输配电网络独立于电能市场交易,只提供垄断性的输配电服务,即采用第二章中所提出的用户选择模式,则"输配分离"就不是必需的。因为不管是在哪个市场上都可能存在多家卖方和买方进行有效的市场竞争。

实际上，输电网络与配电线路在物理形态上并没有一个绝对的区分标准，在批发竞争模式下，不可避免地存在"输配分离"的界限问题。如果分得过粗，则可能的情况是批发市场上只有少数的几家买方，这不利于竞争的发展；而如果为了保证批发市场买方的分散性，过细地拆分配电公司，则容易把一个完整的电网系统拆分得七零八落，这不利于系统间的相互协调与统一管理。而电网系统本身具有明显的网络性特征，系统中任何一个节点的变化都可能会影响到其他部分的变化，这种外部性特征要求对电网系统进行统一的管理。鉴于此，我们推崇的重组方式是不进行输配分离，通过引入用户选择权来确保市场上买方的分散性，这样就可以保证输电网络系统的统一，满足系统中各节点、各线路高度协调的需要。第二章的分析表明，批发竞争模式由于保留了地方配电公司的垄断权，用户没有选择权，且仍然需要保留政府规制，并且会引发一系列的相关问题，不利于电力市场竞争的发展，而用户选择模式才是电力市场竞争的最终模式。从这个意义上讲，批发竞争模式并不是实现电力市场竞争的必经阶段，"输配分离"也不是实现电力市场竞争的必要条件。

（三）横向重组要求输电横向一体化、发电横向非一体化

除了纵向分拆与重组外，电力产业重组还包括横向方面。首先是输电环节的横向重组，即输电环节在多大程度上的横向一体化。当然，输电的横向一体化与通常所谓的集中度无关，不管在多大范围内实现横向一体化，对于一个特定的区域，输电环节总是集中的、垄断的。这里，输电环节的横向一体化是指在多大范围内实现电网互联，这也就决定了市场的范围有多大，因为电网是电力市场交易的基础设施。由于各个国家在资源条件、技术水平等方面存在较大的差异，在多大范围内实现输电网络的横向一体化并没有一个绝对的统一标准，但在一定程度的横向一体化是有效电力市场竞争的必然要求。通过横向一体化，可以扩大市场的边界，使电力资源得以在更大的范围内优化配置，提高了市场的竞争性。过于分散的输电格局一方面无法在更大的区域范围内优化配置电力资源，另一方面无法容纳多家发电厂商并存。改革前美国过于分散的输电网络和系统调度中心被认为是阻碍电力市场竞争的一个重要因素，为实现电力市场竞争，美国通过组建区域输电组织和独立系统调度中心来实现输电环节的横向一体化。当然，电网的扩张需要考虑长距

离高压输电的经济性与电网安全等因素,电网并不是越大越好。

电网的辐射范围和电力市场的区域范围确定后,另一个横向重组的问题是在特定的市场范围内组建几家发电企业。如果发电侧过于集中,只有少数几家发电企业,则容易形成企业的市场势力,损害竞争的有效性。英国电力改革初期在发电侧只组建了三家企业,出现了严重的市场势力,导致电价居高不下,最后不得不进行再次重组。当然,发电侧需要有多大程度的分散性并没有一个统一的标准,因市场容量、企业的规模经济等因素的不同而不同,只要市场是可以进入和退出的,竞争会促使市场结构逐步趋于合理。

二、市场设计

产业重组后,在电力批发市场或者零售市场上存在相对分散的买方和卖方进行交易。那么,电力市场交易将如何达成呢?对于人类实践来说,竞争性的电力市场交易是一种革命性的全新尝试,人们因此缺乏相关的知识。在一般的交易市场上,交易主体一般通过现货市场交易、合同交易以及二者之间的结合达到市场出清。集市上的讨价还价、拍卖会上的竞价、商店里的标价出售等都属于现货市场交易,发电企业与煤炭企业之间的电煤供应协议属于合同交易。同样地,在电力交易市场上,包括发电商、做市商和用户等在内的交易主体也可以通过使用各种双边交易方式进行交易。电力交易可以通过长期的供电合同并以平均电价来平滑电价的波动,也可以通过分时计量、计费来调节峰谷时期的电力需求与供给,还可以通过现货市场的实时电价来调节。可竞争市场理论认为剥离了沉淀性的电网资产后,"市场可以解决一切问题",产业重组后市场可以自动达成各种交易,而不需要人为地设计。国际上二十余年的电力改革实践已经证明,电力市场不能自己设计,自动达成交易,而需求人为地设计,并且,一个设计不完善的电力市场会比规制体制更为糟糕。西方国家电力改革之所以没有取得预期的成果,甚至导致加州危机等改革失败的情况,最主要的原因就是改革前对市场设计(market designing)的认识不足,在电力市场的交易规则设计上存在缺失。改革先行者以其惨痛的失败为代价才认识到电力市场设计的重要性。

(一) 为什么需要市场设计

那么,为什么电力市场无法通过交易主体自动达成交易而需要特殊的人为设计?电力市场设计到底需要设计什么?这与第一章所分析的电力系统的特殊性有关。电能是无法储存的,它必须通过输电网以光速传送给终端消费者实时地消费掉,这就要求发电量与用电量保持实时平衡。在电流网络中,任何一个节点的不平衡都将会影响到整个电流网络的正常运行。完全依赖市场交易主体的双边交易并不能确保输电网络的实时平衡运行。在电力市场上,买者和卖者之间的合同构成了主要的电力交易。但是,所谓的购电合同只是在财务意义上的合同,在物理功能上,发电厂商的出力不可能真正到达客户那里。不管是火力发电还是可再生能源发电,不管是煤电还是核电,所有的发电厂所生产出来的电几乎都是完全同质的,并且都可以通过各自的输入节点进入同一个电力库①混合起来,一起传输。在电流网络中,电流循电阻最小的路径流动,电阻小则电流容易通过,电阻大则电流不容易通过。这就意味着不可能命令电流沿着指定的输送路线流动,终端用户只不过接受恰好流经他们那里的电。② 当用户摁动开关、启动用电设备的瞬间,电流就会由电力库通过输出节点输送到终端用户那里并在瞬间被消费掉。这样,在任何时段,对于所有的电力交易合同,发电厂实际注入电力库的发电量和用户实际消耗的用电量与合同约定的交易量必然存在偏差,使电流网络出现不平衡。如果坐等终端用户或者电力供应商观测到不平衡量后,再由发电厂商调整出力或者在现货市场上向其他发电厂商购买不平衡量以弥补不平衡量,输电系统将会崩溃。因为在电流网络中,每个输入节点和每个输入节点的电流量对于市场交易主体来说是不能完全被观测到的。另外,电力传输到哪里,每一条输电线路是否过负荷等问题,也只有系统调度者才能知道。因此,为了确保电流网络上的发电量和用电量的实时平衡,防止输电阻塞,保证电力系统的稳定安全运行,要求系统调度中心(网络

---

① 所谓的电力库只是电流网络的一个形象的比喻。虽然电力无法像水一样储存到一个水库里,但是我们可以把电流网络形象地想象成一个"库",在这个库中,产品完全同质并混合在一起。

② 再次地,我们可以把电流网络理解为一个由多条渠道构成的电力库,电流沿最小阻力流动正如水流沿最小阻力流动一样;无法人为地命令电流流动方向而只能通过分布电网的网络接线方式来影响电流去向,正如只能通过水渠的布置来影响水流的去向一样。

电流控制中心)对市场交易主体拥有一定的权威,系统调度者告诉发电厂什么时候启动、什么时候增加出力、什么时候减少出力、什么时候停机、什么时候提供辅助服务等。

总之,电力系统的特殊性要求系统调度机构对整个电流网络进行统一的管理,以保证系统的安全稳定运行,系统调度机构的主要管理功能包括:根据需求的实时变化,对发电厂的出力进行实时调度,以保证发电量与用电量的实时平衡;对整个网络系统进行统一管理,以解决外部性问题和阻塞问题;安排辅助服务以保证整个系统的稳定。在传统的电力体制下,所有的交易都是通过一体化垄断的企业内部来实现的,系统调度、管理整个电流网络系统主要是通过在一体化的企业内部直接下达调度指令;系统调度中心控制一体化了的企业所拥有的发电厂的生产水平以适应消费的随机变化,从而确保了发电负荷与用电负荷在每一秒钟都保持平衡;系统调度中心对整个电流网络系统的各个节点进行统一管理并安排辅助服务以维持频率、电压及整个电网的稳定性。产业重组在打破垄断的同时也打破了管理电流网络的内部调度与控制机制。在市场化的条件下,发电厂和销售者等市场交易主体从输电网和系统调度中心分离出来而形成独立的利益主体,系统调度中心管理电流网络的各种出力依靠市场交易而不是通过传统的内部协调来完成。这就要求对电力交易市场及其运行规则进行统一的设计以解决电网的共同使用问题,从而可以有效地治理系统调度机构与市场交易主体之间的关系,特别是系统调度与发电厂之间的利益关系。

(二) 市场交易包括两种模式

从理论上讲,有两种纯粹的交易方法可以组织"网上"的电力交易,以有效地解决输电服务定价、电流网络的平稳及拥塞管理等问题。第一种组织方式是集中的"电力库交易模式"。电力库交易模式是指所有的电能交易都通过统一的现货市场来完成,买卖双方分别提交各自的投标价格,系统调度中心结合这些商业信息与系统管理的需要,确定各电厂的发电量和上网价格以及终端消费者价格。网络管理所需要的不平衡电量、辅助服务等也通过现货市场交易来完成。在集中的交易方式下,电力系统运行者负责集中地运营日前的(day-ahead)、时前的(hour-ahead)和现货市场(spot markets)，并根据市场交易主体的报价来确定成本最小化的发电厂商的机组排序(merit order)，并确定考虑了输电约束后的市场出清价格。具体地，在实时电力传输之前，在供给侧，发电厂商在日前和时前的市场上向系统调度者提供它们的基本参数，包括它们的机组排序及其成本情况、它们的标价与数量等；在需求侧，消费者告知系统调度者他们的购买意愿，包括他们在合同交易中规定的发电厂商的发电量及在不同的价格水平下他们希望从输电系统那里得到多少电量等。系统调度者把来自供给侧和需求侧的参数输入到考虑了输电约束的优化程序中，并确定使得电力库中的每个节点的电力供给和需求平衡的市场价格和数量。在实际的电力传输过程中，系统调度机构按照发电机组的短期运行成本(报价)的高低依序排队，确定最优的经济调度顺序和最低的综合调度成本。系统调度者根据这种经济调度排序来确定现货市场的价格，即合同交易量与实际交易量中不平衡的电量价格，在现货市场价格下，市场出清，电力供求实现实时平衡。另外，在节点定价方式下，从考虑了输电容量约束的一个节点到另外一个节点的传输价格构成了不同节点间的电价差别，即差别化的区域性电价，这种节点间的电价差别反映了输电线路的拥塞成本，从而有利于解决输电线路的拥塞问题。

  第二种交易方式是分散的"双边交易模式"。双边交易模式是指大部分的电能交易主要是通过买卖双方签订的中长期的供电合同来完成，交易量与价格由双方自主协商确定；另外，由系统调度中心统一运营一个现货市场以解决双边交易中的不平衡量及辅助服务等问题。在分散的交易方式下，系统运营者独立于电力交易，所有的电力交易都是通过交易主体之间的双边交易来实现的。电力交易的数量、价格、传输电能的起点和终点、交易时间等都是由合同规定的。在分散交易方式下，在批发市场外，还会形成分散的不平衡电量市场。如果不平衡电量市场能够有效运行，则根据市场上的竞争机制形成不平衡电量价格，并以此来平衡电力供给与需求。系统调度者则完全根据市场交易主体的双边交易合同来负责合同的交割。对于电力的传输，则根据可用输电容量(available transmission capacity, ATC)来定义电网中从一个输入节点到另一个输出节点的物理输电权，并把这个权力卖给发电厂商、中间商或直接卖给消费者。这种物理输电权是可以交易的，如果一条线路的输电需求增加，则物理输电权的价格也将会上升，并以此来平衡供给和需求，以解决拥塞问题。

(三) 市场设计的核心在于最小化交易成本

在集中交易和分散交易这两种市场交易的组织方式的选择上,一直存在着激烈的争论。在没有交易成本的条件下,集中交易和分散交易的结果是一样的,都是最有效地发挥电力市场交易的作用,使得各个发电厂生产的边际成本相等,各个用户的边际效用相等。在生产环节实现了生产成本最小化,在需求环节实现了消费者剩余最大化。当然,在实际的运行中,这两个交易的组织方式具有不一样的交易成本,二者的选择取决于不同交易成本间的权衡。在集中交易方式下,系统调度中心可以充分利用其特有的信息优势,来安排最优经济调度的机组排序,通过现货市场来显示不平衡的电量价格,并以此来平衡市场供给与需求。同时,可以有效地解决输电线路的拥塞问题,确保电力系统的稳定平衡运行。另外,这种交易方式在物理上接近于传统的电力产业组织中系统运营者的调度、管理工作,改革成本比较小。不过,在电力库交易模式下,所有的电能交易都通过现货市场来达成,这会大大增加市场交易成本,特别是容易导致发电企业在现货市场上操纵价格。

在双边交易模式下,大部分的电能都会通过双边交易合同来达成,交易双方可以根据自身的供给和需求特征来选择交易成本最小化的合同期限结构,其余的不平衡量通过现货市场来补充。这种交易方式可以有效地节约交易成本,同时可以有效规避市场大幅度波动条件下发电企业操纵市场的风险。当然,这里需要解决的问题是,在系统调度者统一运营现货市场的条件下,如何防止垄断的系统调度者滥用其权威并损害市场竞争,这是一个监管上的难题。

三、规　　制

在传统的纵向一体化的电力产业组织中,垄断得以在各个环节扩张,因此需要政府对电力产业的运行进行干预。政府或者直接投资运营电力工业,限制民营企业的进入,并制定出相应的价格;或者授权给某个民营电力公司特许经营,限制其进入,并基于成本原则规制捆绑式的终端用户电价。引入竞争后,政府的规制政策也必然会发生变化以适应新的电力产业的组织与发展。

由于输电、系统调度和配电的自然垄断性,这三个环节的服务在电力体制市场化改革后仍然保留垄断(residual monopoly),因此仍然需要政府的规制。不同于传统的基于成本的价格规制,对于剩余垄断的规制一般采取激励性规制(Joskow and Schmalensee,1986；Laffont and Tirole,1993),又称为绩效的规制。一般地,设定一个基准价格,实际价格根据生产效率的提高而下降,并根据投入品价格的变化而调整。这样,如果受规制的经济主体在提高生产效率和降低生产成本方面超越了整个行业的平均水平,就可以获得额外的经济利润。这种规制方法在英国的网络垄断产业的私有化改革中被普遍采用,美国的电信业改革后的规制也采取了这种办法。在电力产业中,对于仍然保留自然垄断的输、配电环节,要求政府规制机构进行直接的事前管理,主要包括：

(1) 价格规制。对垄断性的输、配网络定价行为进行审核,防止出现垄断定价现象,并同时保证网络投资者得到合理的回报,促进电力行业持续、稳定发展。

(2) 准入规制。在事前制定输、配线路公开无歧视的准入规则,并在事后对准入行为进行监控,以确保网络的公平介入。

(3) 规划职能。输配环节价格机制的缺位要求电力规制机构对电网建设和扩建规划进行核准,促进大区间的网络互联,实现发电资源在大区和全国的优化配置。

对于已经引入竞争的环节,在价格和市场准入方面都不再需要政府规制,市场的供给和需求决定了均衡的电力价格和电力企业的市场进入与退出。但是,在这些领域仍然需要政府的规制,以防止市场势力的运用,维护良好的市场竞争秩序。特别是考虑到发电环节的规模经济特征和发电环节与输电网络环节的相互依赖性,电力生产环节不可能达到完全竞争的要求。在一个电力市场中,如果电力生产企业的数量过小,企业就存在市场势力。特别是在市场需求缺乏弹性的条件下,这种市场势力就会成为一个严重的问题,要求政府部门要么继续规制价格,要么分拆发电企业,使发电环节具有达到竞争所要求的分散程度。另外,由于输电和配电线路是所有的电力被输送给终端消费者的唯一通道,如果发电企业或者零售企业通过某种方式(如贿赂)获取使用输配电线路的优先、优惠权利,它们在电力市场上就会拥有市场势力,进而抬高价格,破坏竞争秩序。因此,引入竞争后,政府规制不能完全退出竞争性的电力市场,而需要进行必要的经济规制,主要包括:

(1) 培育区域电力市场,推进电力行业的市场化改革。

(2) 统一制定电力市场交易规则,并对市场交易主体与系统调度机构执行交易规则的情况进行管理。

(3) 监管各电力市场中竞争环节的横向兼并及市场份额,抑制市场操纵。

(4) 监管竞争环节与垄断环节的纵向关系。

另外,政府对电力行业的管理职能还包括:

(1) 监管各电力企业的安全生产情况及电能质量与服务质量。

(2) 协调各市场交易主体之间的各种争端。

(3) 协调电力行业与一次能源之间的关系,特别是电力企业与煤炭企业之间的纵向关系。

(4) 保证普遍服务等社会公平的实现,促进节能、环保和可再生能源的发展等社会目标。

第八章　电力市场构造与规制的国际经验

第七章从理论上探讨了电力产业组织与政府规制的内生与变迁。从实践上看,在 20 世纪 80 年代以前的电力工业发展的前 100 年里,多个环节的纵向一体化垄断一直是世界电力行业的典型组织形式,政府通过直接垄断经营或者对民营垄断进行经济规制的方式来实施对电力工业的管理。20 世纪 80 年代以来,人们普遍认识到传统电力行业的政府垄断与经济规制必然会带来效率损失和高成本。为了提高电力产业的运行效率,应该尽可能地减少政府的作用,放松规制、扩大竞争,凡是能够竞争的环节都要引入竞争。根据这一思路,20 世纪 90 年代以来,各主要国家的电力行业中都展开了引入竞争的市场化改革。随着法国在 2005 年最后一个实行电力私有化,OECD 的 30 个成员国全部进行了电力体制的市场化改革,市场化已经成为当前电力工业发展的潮流。国际范围内的电力行业的市场化转轨实践为我们的研究提供了丰富的经验性资料。

本章选择英国和美国作为考察对象。改革前英国的电力运行体制和中国类似,都是中央政府垄断运营纵向一体化的电力部门;从电力市场规模、区域分布和电源结构上看,中国电力产业的发展更接近于美国;另外,英国和美国的电力体制改革的初始条件具有相悖性。因此,通过考察这两个国家的电力体制改革进程,可以为中国的电力体制改革提供较好的国际经验。

一、英国电力产业市场构造与规制变迁

(一) 英国传统的电力产业组织

在1988年英国电力产业重组之前,英国的电力产业组织具有纵向一体化、横向一体化和国有产权的特征。图8-1直观地显示了这一电力产业组织结构。

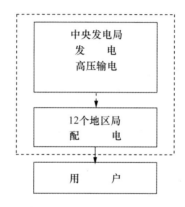

图8-1 传统的英格兰和威尔士电力产业组织

如图8-1所示,中央发电局拥有6 000万千瓦的装机容量,负责整个英格兰和威尔士地区的电力生产、买入和卖出等业务。负责配电和零售业务的是12个地区的电力局,这些地区电力局在它们所在的地区拥有一套配电线路网并垄断零售业务。

从纵向关系上看,发电、输电和系统调度这三个环节都一体化到中央发电局,而配电和售电这两个环节一体化到了12个地区电力局。中央发电局统一向地区电力局提供电力,由于中央发电局和地区电力局都属于国有资产,这就意味着中央局和地方局实际上都一体化到了整个中央政府的电力部门里。由此可见,在传统的英国电力产业组织里,发电、输电、系统调度、配电和售电等环节纵向一体化到政府的电力部门,由政府来垄断电力产业的运行。

从横向关系上看,整个英格兰和威尔士只有一个电力系统,这就意味着全国只有一个输电网络,中央发电局所拥有的输电网络对全国范围内的高压输电具有绝对的垄断权，并通过一个统一的系统调度中心来控制整个网络电流。换句话说，传输网络和系统调度中心是在全国范围内实现了横向一体化。在发电环节，国有中央发电局的发电量占总发电量的90%，其余的发电量来自独立发电商、合作发电商和来自法国与苏格兰的电力供应。由于中央发电局占有绝大多数的市场份额，另一方面，市场的剩余需求量虽然不是由中央发电局生产的，但却是由中央发电局买入并通过中央发电局的输电网络提供给地区电力局，而不是由地区电力局直接向独立发电商购买。因此，中央发电局实际上是在全国范围内拥有发电的垄断权。由于中低压条件下的电力配送和销售是面向终端用户的，具有地区性特征，不可能由一家配电企业负责全国范围内的电力配送和销售业务。在英国，这些任务是由12家地区电力局来完成。对于每个地区来说，都有一家配电企业垄断了该地区的电力配送和零售业务。并且，这12家地区电力局的资产都是国有资产，在这个意义上，英国传统的配电和售电环节也实施了横向一体化，一体化到中央政府的电力部门。

对于电力需求的终端用户，只能接受政府垄断条件下的电力部门提供的服务，其所支付的电费则是由政府制定的包含了发电、输电、配电、售电和系统调度等各个环节成本的捆绑式电价。

（二）市场化进程中英国电力产业组织与规制变迁

20世纪80年代，英国政府开始广泛推行民营化改革，比如电信和天然气等行业作为垄断行业被民营化。但是，在解决了产权问题后，产业组织结构问题却凸显出来，受规制的私人垄断普遍被认为是缺乏效率的。为了减少政府的作用，促进竞争以提高效率，同时，也为了鼓励在发电环节的市场进入，为兴建核电项目来替代英国煤炭筹集资金，英国政府于1988年发表了政府白皮书，提出了兴建新的电力产业组织结构，并于1989年通过了《电力法》，为电力工业重组提供了立法依据，形成了独立的规制者——电力规制办公室，从而开启了通往竞争的电力体制改革之路。表8-1列出了英国电力体制改革的大体进程。

表 8-1　英国电力体制改革进程

时间	事件	核心内容
1988	政府公布《电力市场私有化》白皮书	提出了新的电力工业产权结构与市场结构
1989	《电力法》	为电力工业重组提供了立法依据
1989.9	成立电力规制办公室	形成了独立的规制者
1990.3	产业重组	把原中央发电局分解为国家电网公司、国家发电公司、国家电力公司和核电公司；12个地区局改为12个地区电力公司，国家电网公司由地区电力公司共同所有
1990.4	电力库开始运营	1 000千瓦以上负荷拥有选择供应商的权利
1990.12	地区电力公司私有化	12个地区电力公司向公众出售股票
1991.3	发电公司私有化	国家电力公司和国家发电公司出售60%的股份
1994.4	零售准入	100—1 000千瓦的用户拥有选择权
1995.3	发电公司私有化	国家电力公司和国家发电公司出售另40%的股份
1995.12	电网公司私有化	出售国家电网公司股票及抽水蓄能电厂
1996.5	核电公司私有化	核电公司资产转让给不列颠能源公司并被私有化
1996	产业重组	国家电力公司和国家发电公司把燃煤发电厂出租给地区电力公司——东部集团
1998	零售准入	100千瓦以下的2 200万用户拥有选择权
1999	产业重组	国家电力公司和国家发电公司资产出售
2000	规制机构重组	成立了天然气电力市场办公室
2001	市场交易规则	新的电力交易规则(NETA)代替了电力库模式
2005.4	实施BETTA	在英国范围内推广英格兰和威尔士模式

资料来源：萨莉·亨特：《电力市场竞争》(Making Competition Work In Electricity)；国家电力监管委员会：《电力改革概览与电力监管能力建设》。

1. 产业重组

为了引入竞争，1990年英国政府首先对传统的纵向一体化的电力产业进行纵向分离，中央发电局被解体，分别组成了发电公司、输电公司和配电公司，并把原中央发电局的资产和人员转移到新的公司中，并逐步形成新的电力产业组织结构。如图8-2所示，1990年英国电力产业重组的主要内容包括：生产和分配环节的纵向和横向非一体化；生产与输电环节的纵向非一体化；输电网络和系统调度中心的横向一体化。

在发电环节，1990年3月，在原有的中央发电局的发电资产的基础上组建了国家电力公司、国家发电公司和核电公司等三家发电公司，在组建之初，这三家电

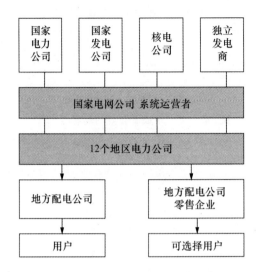

图 8-2　改革后的英格兰和威尔士电力产业组织

力公司的发电量占总发电量的 91%,其余的 9% 的发电量则来自于独立发电商、协作发电商和进口。其中,国家电力公司拥有原中央发电局常规电站(非核电站)的 60%,即装机容量为 2 948.6 万千瓦的 40 个发电站;国家发电公司拥有剩下装机容量为 1 980.2 万千瓦的 23 个常规电站;核电公司拥有装机容量为 793.3 万千瓦的 12 个核电站(Newbery,1999)。1991 年 3 月,国家电力公司和国家发电公司的 60% 实施了民营化;1995 年 4 月,国家电力公司和国家发电公司余下的 40% 实施了民营化;1996 年 7 月,不列颠能源公司(核电厂)实施了民营化。1996 年和 1999 年国家电力公司和国家发电公司分别进行了第一轮资产出售(出售给东部电力公司)和第二轮资产出售(出售 800 万千瓦的资产给各种投资者)。再加上私有化后,各地区电力公司联合独立发电生产商建造燃煤气的联合循环机组发电站,使得这两大发电公司的市场份额从 1990 年的 45.5% 和 28.4% 分别下降到 2000 年的 17.5% 和 15.3%。①

在输电环节,组建了国家电网公司,拥有并经营输电网络,它同时是输电设备的拥有者和电力系统的运营者。国家电网公司在全国范围内是垄断的,其他公司无法获得电网营业许可证,国家电网垄断着新建的输电线路。改革初始,国家电网

---

① 参考萨莉·亨特:《电力市场竞争》(Making Competition Work In Electricity)。

公司由12个地区电力公司所拥有,并且国家电网公司拥有抽水蓄能电厂用以调峰和控制电力系统的频率。1995年12月,国家电网公司实施了民营化,并把抽水蓄能电厂卖给了美国Mission Energy。民营化后,国家电网公司与配电公司分离,成为一个上市公司,英国贸工部大臣持有特殊股,在公司重大问题上,需要有特殊股持有者的同意,即英国政府拥有对国家电网公司的重大问题的否决权。

在配电环节,1990年3月,把原有的12个地区电力局改组为12个地区电力公司。1990年12月,12个地区电力公司被民营化,政府在每个电力公司中保留持有"黄金股份"以防止其他公司兼并电力公司。到1995年4月,各地区电力公司的黄金股份开始失效,12个地区电力公司的资产所有权逐步被收购或者合并。在改革的初始阶段,对配电公司所能拥有的发电容量做出严格限制,不过,后来在监管配电公司向合伙企业购买电力的投机行为的基础上,允许配电公司拥有自己的发电厂,地区配电公司逐步与发电厂合并。

2. 市场交易规则

在交易规则的设定上,英国首先建立了强制性的被规制的集中电力市场,禁止双边的物质能源合约,并通过规制第三者进入网络的条件来建立网络和交易服务的垄断框架。这就是电力库(Pool)的交易模式。在电力库的交易模式下,只存在一个单一的市场,所有的电能交易都必须通过电力库来实现,国家电网公司与系统运营者纵向一体化,系统运营者同时也是市场运营者。

电力库实际上是一个日前市场,在供给侧,所有的发电企业在每天10点之前提交第二天每半个小时交易时段的竞价,同时提交每个发电机组的特性参数、可用容量等。在需求侧,所有的供应商(地区电力公司)提交第二天每半个小时的所在电网供应的负荷估计值。系统运营者运行一个名为GOAL(Generator Ordering and Loading)的发电计划软件包,根据机组的竞价参数生成一个满足负荷需求的最低成本发电计划,即最优机组排序。在系统实际运行中,系统运营者根据最新机组运行信息每天对发电计划进行五次优化,并在考虑可能存在的输电约束下,确定辅助服务。

在结算价格上,对于每半个小时的交易时段,为满足负荷需求而必须被调度的最高机组报价决定了这个交易时段的电价,这个价格被称为系统边际价格(SMP)。

电力库从发电企业购买电能的价格为系统购电电价(PPP)。系统购电价格是通过系统边际价格与容量费用"之和"。容量费用由失负荷概率(LOLP)和失负荷价值(VLL)两个目录决定。PPP=SMP+LOLP×(VLL−SMP)。

这样,电力库交易模式实际上就成了单一买方模式,与传统的电力调度方式在物理功能上完全一致,只是调度的参数依据通过各个公司的商业运作获得的信息而不是传统的电站运行性能信息;调度指令成了一种交易而不是传统的科层式指令。不过,在实际的运行过程中,由于电力的现货价格波动幅度非常大[①],在电能交易时一般都附带一个经济合同以规避市场风险,最常见的就是差价合同。在实时调度之前,批发市场的参与者签订交易合同。合同在实时调度之后再在参与者之间进行总量结算,买者在合同交易量范围内向卖者支付合同价格与现货市场价格之间的价差,当合同价格低于市场价格时,则由卖者向买者支付。实际上,这种交易方式就意味着,合同交易量以合同价格支付,不平衡量以现货市场价格支付。只是,所有的交易都进入了现货市场,现货市场价格是在供给和需求总量的基础上形成的,而不是在不平衡量市场基础上形成的。在实际的市场交易过程中,80%的电能实际上都是以合同价格达成交易的,只有20%的电力是以现货价格结算的(Hunt,2002)。

规制者认为,这种集中的批发市场的交易方式鼓励了市场势力的运用,因为在这种交易方式下,所有的电能必须在现货市场上出售,大的发电公司对市场价格具有较大的影响力,因此要求对交易规则做出调整。2001年3月,新的电力交易系统(NETA)替代了原来的集中的交易方式。新交易系统允许发电公司和用户安排电网中的电流,鼓励交易商签订短期的双边合同,并尽量使不平衡市场失去吸引力。在新的交易方式下,没有单一的不平衡电量价格,不过存在系统卖出价和系统买入价。向超出合同交易量部分的发电厂出力和低于合同交易量的买者支付"系统买入价",向低于合同交易量的发电厂和高于合同交易量的买者收取"系统卖出价"。在交易规则的设计中,系统买入价低于系统卖出价,这样做的目的是鼓励发

---

① 1995年英国每1000千瓦最低电网采购价格是0,最高电网采购价格是1 108英镑(Newbery,1999)。

电量和用电量尽量逼近合同规定的交易量,以减少不平衡量。另外,不平衡电量的价差还鼓励交易者进入短期合同交易以避免受到系统调度者的低买入价和高卖出价的"惩罚"。

3. 规制

在重组电力产业之前,英国首先通过立法(1989年《电力法》)成立了独立的规制机构——电力规制办公室。

在市场准入方面,1990年的重组改革时放开了发电环节的市场准入,要求尽可能地简化发电工业的市场进入程序,并鼓励地区配电公司与新发电厂商签订购电合同。从1990年到1998年,新增的发电装机容量为1 690万千瓦,其中85%是燃气蒸气循环机组发电的容量,并导致了相当数量的老机组关停。在零售环节,1990年4月,电力市场开始运行,对1 000千瓦以上的负荷(5 000个用户)开放零售市场竞争;1994年4月,对100—1 000千瓦的负荷(45 000个用户)开放零售竞争;1998年9月至1999年6月,对100千瓦以下的负荷(2 200万用户)开放竞争。

2000年,公用事业法将电力和天然气规制机构合并,成立了天然气电力市场办公室,对改革后的电力产业进行规制。天然气电力办公室对电力产业的规制是通过许可证制度来实施的。各电力公司按照许可证规定的权利和义务经营,包括价格条款。对于仍然保留垄断的输电和配电公司,天然气电力市场办公室直接规制着输电和配电的价格。具体的方法是RPI$-$X,即确定给定时期的平均价格,每年根据当年的通货膨胀率(零售价格指数,RPI)减去电力公司效率增长率(X)调整实际输配电服务价格。其中,X是规制者认为电力公司应该能够逐年提高的效率,根据考察过去2—5年的状况预先设定。

对于放开竞争了的发电环节,天然气电力市场办公室主要试图抑制发电领域的市场势力。规制者认为,自民营化以来,各个发电公司的成本都明显地降低了,劳动生产率也明显地提高了,可是电力的销售价格却没有同步地降低。在规制当局看来,这是由于主要发电公司运用市场势力抬高电价造成的。2000年4月,规制者决定在7个主要的发电公司的经营许可证里引入"市场滥用条款",以对发电公司运用市场势力的行为采取措施。不过由于其中的2个发电公司不同意修改其许可证条款,并向竞争委员会提起诉讼,竞争委员会决定不允许增加市场滥用条款。天然气电力市场办公室只能从其他已接受该条款的电力公司的许可证中撤销市场滥用条款。

(三) 小结

通过私有化和自由化,英国电力产业组织发生了根本性的变化,总体上看,通过在电力行业中打破垄断、引入竞争,整个行业运行的经济绩效得到了有效的改善。在电力生产和投资上,在市场竞争压力下,新技术得到广泛使用。从1990年到1998年,投入电力系统的新增发电装机容量1 690万千瓦,其中85%是燃气蒸气联合循环发电机组(CCGT),CCGT从市场化的空白到1999年装机容量超过了1 700万千瓦,占总装机容量的23%。与此同时,关闭的电厂容量为1 250万千瓦,封存的电厂容量为550万千瓦,大量地减少了电力工业排放硫氧化物和二氧化碳气体。在电价上,从1990年到1999年,居民生活用电下降了20%,小工业用户电价下降了34%。在服务质量上,居民停电次数由1992年的54 691次下降到1998年的383次,同期,用户投诉和违约罚款的比重下降了80%。

从总体上看,英国电力行业市场化的成功表明了电力产业组织的变迁方式是值得借鉴的。不过,在变迁的具体制度安排上,也有需要我们汲取的失败的教训。特别地,在强制型的电力库交易模式下,所有的电能交易都进入集中的现货市场。在发电侧,高度集中的发电市场使得发电企业具有市场势力。即使到了90年代后期,国家电力公司和国家发电公司合计输出电力仅占发电厂输出电力的33%,但是由于新建电都是基荷电厂,两大发电公司仍然控制了大部分决定市场价格方面的电厂,这些电厂在51%的时间里可以决定市场价格(Hunt,2002)。

另外,虽然在差价合同下,电能交易的最终结算实际上有80%是通过交易双方签订的差价合同来执行的。但是,所有的电能交易都是通过电力库来实现的,所有的发电量都通过竞价出售给电力库,所有的供电商都通过电力库购买电能,而差价合同只是一种风险手段。在存在交易成本的条件下,差价合同下的电力库交易模式与双边交易模式是有本质区别的。Hunt(2002)认为英国NETA并不是对电力库交易规则的优化,实际上这种观点忽略了交易成本的存在。在电力库模式下,需求侧的参与有限,无法全面地反映需求侧的意愿,不利于从需求侧的管理来优化资源配置;电力库的管理过于集中,系统运营者的权力过大,成员资格是强制性的;集中决策下的容量费用不能准确地反映短期和长期的容量需求。

二、美国电力产业市场构造与规制变迁

(一) 美国传统的电力产业组织

拥有占整个世界总装机容量的1/4(总量8亿多千瓦)的美国电力产业的传统组织结构比英国传统的电力产业组织结构复杂得多。除了具有纵向一体化和垄断这两个传统电力产业组织中的普遍特征与英国体制相同外,在其他方面则与英国体制相悖,最主要体现在横向非一体化、私有产权和政府规制等方面。

从所有权结构上看,美国电力产业中有75%是由彼此独立的200个上市民营电力公司所组成,其他的25%是由联邦、州及市政层面的政府所拥有的公共电力公司和用户所拥有的电力合作社组成。用户所拥有的电力合作社在美国大概有1000家,主要分布在农村地区。联邦政府所拥有的电力资产由联邦电力管理局经营管理,主要包括邦纳维尔电力管理局、东南电力管理局、西南电力管理局、西部电力管理局和田纳西流域电力管理局等。这些联邦电力管理局主要是为了利用主要河流进行水力发电而建立起来的,不过在运营过程中都不同程度地扩大了权力,管理核电和其他类型的电厂。联邦电力管理局的发电量占美国总发电量的8%,是美国最大的电力生产者,同时联邦电力管理局也拥有自己的输电线路,其输电容量占全国总输电容量的25%。除了联邦电力局外,公共电力公司还包括大量的州属和市属的市政电力公司。

从纵向结构上看,不同产权的电力公司在纵向结构上具有较大程度的差异(见图8-3)。作为美国电力产业主体的民营电力公司,基本上都是纵向一体化的,其经营范围几乎涵盖了发电、输电、配电、售电和系统调度等各个环节。联邦电力管理局纵向一体化了发电、输电和系统调度等环节,不经营配电和零售业务,而是把其生产的电力卖给当地的市政电力公司与电力合作社,由市政电力公司与电力合作社负责配送转售给终端用户。在州属和市属的市政电力公司中,有几个是一体化

了发电、输电、配电和零售等环节的,如洛杉矶水电局等;有一些是部分一体化的,它们拥有自己的发电厂,但是容量不足,需要从外部购买;不过,大部分的市政电力公司是专营配电和销售业务的,它们从联邦电力管理局、邻近的民营电力公司或者独立的发电厂商处购入电力,并转售给当地的用户。大部分的电力合作社的职能也是从民营电力公司或者公共电力公司成批量买入电力,并为当地用户提供配电和零售服务。除此之外,还有一些专门从事发电业务的独立发电厂商。1978年美国为了推广环保型的小电厂项目,颁布了《公共事业规制政策法》,要求公共电力公司必须从某种类型的独立发电厂购电,各州都鼓励电力公司与独立发电厂商签电厂寿命周期供电合同,作为电力公司需要持有的必需容量的一部分,以供应当地的负荷。独立发电厂商已经成为美国电力产业的一股重要力量,是发电环节技术创新的主要源泉。

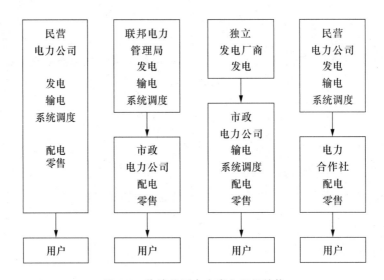

图 8-3 传统美国电力产业组织结构

从横向结构上看,美国的电力产业是分散的。美国拥有 200 多个公共和民营的输电系统,还有大约 140 个地区性系统调度中心。有时候为了提高系统的可靠性,把一些独立的电力系统联合起来,放在一个紧密的电力联营体中,接受一个调度结构的统一调度。比如美国东北部成立了 3 个区域性紧密型电力联营体:宾夕法尼亚—新泽西—马里兰电力联营体、纽约电力联营体和新英格兰电力联营体。

这些电力联营体对区域内的所有电厂都实行统一的计划和调度，并统一负责系统运行，这就实现了输电网络和系统调度中心区域范围内的横向一体化。不过，总体上看，输电网络和系统调度中心在全国范围内是比较分散的。对于发电环节，联邦电力管理局作为美国最大的电力生产者，其发电量只占总发电量的8%。此外，200个民营电力公司、部分电力合作社、部分市政电力公司和独立的发电厂商等都拥有自己的发电资产。对于配电和零售环节，除了200个民营电力公司拥有自己的配电线路外，还有大约1 000个电力用户拥有的电力合作社、2 000多个州属和市属的市政电力公司负责当地电力的配送和零售业务。

尽管无论是在配电和零售环节，还是在发电环节，甚至在输电和系统调度环节，美国电力产业在横向上都是分散的，但是这种分散与竞争并没有必然的联系。每个纵向一体化了的电力公司在自己的营业区域内对所有的终端用户都具有垄断经营权。尽管专营配电和零售业务的市政电力公司与电力合作社向联邦电力局或者民营电力公司购买电力，但是每家配电公司都依附于某个供应商，一般都与之签订长期契约并建立起准一体化的形式。同时，配电公司对与其所服务的区域拥有电力配送和零售的垄断权。

垄断的产业组织必然要求政府对电力产业的规制，不同的垄断方式也对应着不同的规制方式。纵向一体化的民营电力公司垄断由州公用事业委员会规制，对于那些经营范围跨州的民营电力公司，则要同时受到几个州的公用事业委员会的规制。美国对民营电力公司的规制始于20世纪初，到了1935年，《联邦电力法》和各州的立法都授权州公用事业委员会制定捆绑式的电价。同时，州公用事业委员会还规制电能质量和成本，它们规制着该行业的市场准入，有权批准新电厂的建立，确定需要的备用装机容量的比例，确保民营电力公司为本地区用户提供足够的电力。不同于民营电力公司，公共电力公司的经济规制由拥有这些公司的政府部门执行，包括联邦、州和当地政府机构，这些公司，使州属公共电力公司也不受州公用事业委员会的规制。比如，由市政电力公司来配送和销售的电力，最终用户的电价由当地政府部门决定。不过，根据《联邦电力法》，批发销售（这里特指以转售为目的的购买）受到联邦规制，因此，电力公司之间的交易受到联邦能源委员会的规制，民营电力公司出售给市政电力公司的电价由联邦能源委员会制定。

（二）市场化进程中美国电力产业组织与规制

1. 改革的背景

引入竞争的改革前，美国的电力产业组织结构与英国具有显著的差异。美国的电力产业组织主要体现了纵向一体化、民营化和横向非一体化的特征。在州公用事业委员会的规制下，拥有地区垄断经营权的电力公司被要求建设有足够多的装机容量或者与独立的发电厂签订生命周期合同以满足当地用户的用电需求。但是，在规制者对市场需求的变化和发电成本变化的预测失误的条件下，电力公司拥有富裕的发电装机容量，发电成本上升。特别是有些地区，如加州、纽约州、得州等，基于对燃料价格和需求增长的判断，在规制条件下进行了发电厂的大量投资（特别是核电站的建设），这些投资形成了历史沉淀成本，这些成本的分期补偿被考虑到捆绑式电价中。另一方面，根据《公共事业规制政策法案》的规定，有些州要求电力公司与独立的核电厂商签订足够的长期购电合同，以满足当地的用电需求。电力产业发展的实践证明了规制者对燃料价格和需求增长的预期是不准确的，在发电建设方面，特别是在核电站上进行了大量的历史投资和被要求签订长期的高价购电合同的地区，基于成本补偿原则的规制其电价就自然较高，而没有进行大量核电站投资或者要求电力公司签订长期的高价购电合同的地区，其电价则较低。表 8-2 的数据显示了这种电价上的差异。

表 8-2　美国各州电价差异(1995)　　　　　　（美分/千瓦时）

州	平均电价	居民生活用电电价	工业用电电价
马萨诸塞	10.3	11.4	8.6
康涅狄格	10.5	12.0	8.1
纽约	10.8	14.0	5.6
弗吉尼亚	6.3	7.9	4.0
佛罗里达	7.1	7.8	5.2
印第安纳	5.3	6.8	3.9
威斯康星	5.4	7.2	3.8
伊利诺伊	7.7	10.4	5.3

(续表)

州	平均电价	居民生活用电电价	工业用电电价
得克萨斯	6.1	7.7	4.0
亚利桑那	6.2	9.1	5.3
俄勒冈	4.7	5.5	3.5
加利福尼亚	9.9	11.6	7.5
全国平均	6.9	8.4	4.7

资料来源:U. S. Energy Information Administration, Electric Power Annual 1995, Volume, P.39. 转引自 Joskow(1997)表1。

如表 8-2 所示,在东北部和加州,平均电价在 10 美分/千瓦时左右,而在印第安纳和俄勒冈等州,平均电价则在 5 美分/千瓦时左右。不同地区间的电价差别成倍,这其中有一部分价差反映了燃料价格、消费者构成、人口密度和建设成本等因素的地区差异。不过,有很大一部分价差则反映了不同地区在电厂建设的历史投资和长期购电合同所形成的沉淀成本上的差别。在东北部和加州,隐含在捆绑式电价中的发电还价的价格为 6—7 美分/千瓦时,而在印第安纳和俄勒冈等州,这一价格为 2—3 美分/千瓦时。当时在短期批发市场上的电价约为 2.5 美分/千瓦时,而反映了备用装机容量成本的长期边际成本为 3—4 美分/千瓦时。由此测算,在东北部地区和加州,发电环节的价格与市场价格的差距在 3—4 美分/千瓦时。这么大的价差使得在电力行业中引入竞争的改革具有极大的经济激励(Joskow,1996b;White,1997)。特别是大的工业用户、市政电力公司与合作社都想选择自己的供电商,向价格低的电力公司或者独立的发电厂商购买电力,而不是为现有的电力公司在发电环节形成的历史的高成本承担责任,尽管这些发电厂都是为了给它们提供服务而建设的。独立的发电厂商也希望能够合法地直接向用户售电而获利。但是,由于输电网络大部分是属于民营电力公司所有,如果市政电力公司和大工业用户等无法进入民营电力公司所拥有的输电网络,实际上它们就无法选择它们的供电商。因此它们不断提起诉讼,要求民营电力公司开放输电网络的接入,这是引发 1992 年美国电力立法的直接原因。

根据 1935 年的《联邦电力法》,电力公司之间的批发销售归联邦政府规制,而其他大部分规制权力则留给各州政府。放松规制的电力运行体制改革也因此分为联邦层面上的改革和州层面上的改革。

2. 联邦层面放松规制与批发竞争

由于美国大部分的电力公司都是民营的,并且在横向是分散的,特别是1978年的《公共事业规制政策法》要求公共电力公司向独立的发电商购电后,独立发电厂商逐渐成为美国电力产业中的一支重要力量。美国电力产业引入竞争的改革并不是从分拆原有的纵向一体化的电力公司开始,而是从输电网络的开放接入开始。

为了满足市政电力公司、合作社和工业用户选择供电商的要求,1992年美国通过了《联邦能源政策法》,授权联邦能源规制委员会批准批发市场的开放接入,但是禁止其对最终用户发布开放准入的法令。

1996年联邦能源规制委员会颁布了《888号法令》,它要求民营电力公司都能提供输电系统的开放接入。为了实现这个目标,联邦能源规制委员会要求原有的纵向一体化的电力公司在职能上实行最低程度的分离,在公司内部把系统调度的职能独立出来,负责系统的运行,把输电系统的可输电容量分配给输电需求者,包括自己母公司的销售商。根据《888号法令》的重组要求,把系统调度机构与参与批发市场竞争的电力公司从职能上分离开,要求职能上独立的系统调度机构平等地对待所有的发电厂,收取相同的费用。这样,市政电力公司、合作社、民营电力公司和大的工业用户就可以选择自己的电力供应商,运用自己所在地区的民营电力公司的输电网络向独立的发电厂商或者其他低价的民营电力公司购买电力。使用输电网络的费用由联邦能源规制委员会制定,批发市场价格则逐步从由原来的联邦规制委员会制定转向由市场供给需求条件决定。但是,联邦规制委员会对批发市场上的市场势力进行监控和规制。

《888号法令》实施以后,电力批发市场迅速发展起来,电力交易的增长远远超过了实际的发电增长。不过,仅仅要求传统的纵向一体化的电力公司在内部组建职能独立的系统调度机构,并对批发市场上的其他市场参与者开放输电接入,这对于建立一个完善的电力批发市场来说是远远不够的。因为在保留一体化组织的电力公司管理输电设施的同时,也参与电力批发市场上的竞争,这就很难保证它们会为其竞争对手提供相同质量的输电服务。虽然联邦规制委员会负责监管一体化的电力公司的纵向排斥(vertical foreclosure)行为,但是要做到完全的监管是很困难的,这就损害了批发市场上的竞争。只有所有的市场参与者都拥有公平的竞争平台、公平的输电接入机会,竞争性的高效的电力市场才能产生和发展。另外,由于美国拥有200多个输电网络和约140个电力系统,输电线路的地理分割和系统调度中心控制区的分散化会阻碍电力交易市场的扩张。为了扩大电力市场范围,进一步发展开放输电准入,促进电力批发市场竞争,联邦能源规制委员会要求在输电环节和系统调度环节进行一定程度的横向一体化。

1999年联邦能源规制委员会颁布了《2000号法令》,通告民营电力公司,它们必须找到合适的合作伙伴,联合起来组成区域性的输电组织,并报告给联邦能源规制委员会。由于美国的输电网络的分散化特征,并且是民营化的,联邦能源规制委员会不能要求民营电力公司把输电资产剥离出来,而组成新的受规制的区域性输电公司。在不能要求对传统的纵向一体化的电力公司进行法人意义上的纵向分离的条件下,联邦能源规制委员会希望在《888号法令》要求系统调度中心在职能上独立的基础上,要求把系统调度中心与原电力公司进行纵向分离,并把几家电力公司的系统调度职能进行横向一体化,形成独立的系统调度中心,而把输电网络的所有权依然留给原来的各电力公司。这样,《2000号法令》就要求美国所有拥有输电网络的实体,包括非政府所有的电力公司在内,把它们的输电设施交给区域性输电组织来管理,区域输电组织必须有一套独立于任何竞争性市场参与者的管理机构和人员,而且有权与联邦能源规制委员会一起拟定输电开放接入的条款和条件。

到2001年,美国已经成立了5个独立的系统调度中心:加州独立系统调度中心、得州独立系统调度中心、纽约独立系统调度中心、新英格兰独立系统调度中心和宾新马独立系统调度中心。这些独立的系统调度机构属于非营利性的组织,没有任何资产。它们通过授权管理运行电力公司拥有的输电资产,不过却没有维护和扩建输电线路的权力。

《2000号法令》实施后,电力市场交易增长进一步加速。一方面,很多销售商和经纪商进入电力市场;另一方面,独立发电厂商的市场参与程度也逐步增强。[①]这样,发电侧的竞争得到了逐步加强。不过,由于联邦能源规制委员会并没有被授

---

① 2000年,美国独立发电厂商的发电量占整个发电市场的30%。

权要求原有一体化的电力公司在法人产权意义上进行纵向分离,电力公司仍然属于电力公司。这一方面阻碍了电力市场竞争,另一方面也使得电网的扩建几乎处于停滞状态,因为电力公司在开放接入的要求下缺乏扩建电网的足够激励。

2002年7月,FERC推出了标准电力市场设计方案(SMD),试图为各地区电力市场建设提供标准化的设计方案。标准电力市场主要由标准输电容量市场、标准电能市场和标准辅助服务市场等部分构成。输电市场通过输电容量来界定输电权,并形成输电权交易的日前市场和现货市场;标准电能市场由日前电能市场和实时电能市场组成;标准辅助服务市场也以竞价为基础,协同电网的自我供给和双边合同等方式来提供辅助服务。标准电力市场实际上是基于"分散交易"所设计的,这种交易方式使输电系统完全独立于所有的市场参与者,最小化电网的作用,所有的交易都通过市场来完成。这种自由化程度最高的交易方式也大大增加了市场交易成本,在美国,标准电力市场也因此未能顺利推广,目前已经停止。

3. 州层面放松规制与零售竞争

1992年的《联邦能源政策法》授权各州可以颁布零售开放准入的法令,让各州负责零售准入和发电领域的放松规制。

在联邦层面上实施独立系统调度中心、开放输电准入、横向一体化系统调度中心和输电网络以后,电力市场交易在快速增长的同时,电力公司仍然垄断着终端用户的电力供应,并收取受州公用事业委员会规制的、捆绑式的电价。很多州隐含在捆绑式电价中的发电价格与现行的批发价格相比偏高,这促使大的工业用户要求州一级政府放开零售规制,使其拥有选择低价供应商的权利。

在工业用户的施压下,价格比较高的州率先批准了零售准入。1994年,加利福尼亚州第一个宣布了零售准入;同年,马萨诸塞州也宣布了零售准入;罗德岛在1997年实施了零售准入,成了第一个实现零售准入的州。而在价格较低的州,如田纳西州、华盛顿州等、怀俄明州等,则仍没有实行零售准入的改革。

在零售准入的改革中,各州也采取不同的方式。有的州,如加州、缅因州、马萨诸塞州等地区允许所有的用户选择供电商;有些州,如宾州等地区采取对每一个用户群开放一定比例竞争的逐步推进的方式;大部分州都采取类似于英国的大用户优先的逐步推进的方式(Hunt,2002)。

在大部分州,由于搁浅成本回收问题,规制当局把零售价格固定在一个较高的水平上,直到收回电力公司的搁浅成本,而配电公司仍然按照这个规制价格水平提供零售服务。在一些实行零售准入的州,大部分用户,特别是小用户仍然选择当地的配电公司而不是零售商作为自己的供电商。例外的是缅因州,它的配电公司不允许提供售电服务,用户支付零售的电价包括发电价格和输配电费用。

在放开零售准入的同时,为了增加电力市场上的竞争性,只能把发电资产从传统的一体化的电力公司里剥离出来。由于美国电力企业民营化的特征,规制者并没有权利命令其剥离资产,不过规制者可以通过激励和立法手段鼓励电力公司剥离其发电厂。得克萨斯州则明确立法禁止任何公司拥有或者控制大于20%的发电装机容量。除了部分的州,如纽约的发电侧的剥离基本完成外,大部分地区的发电资产只是部分地分离出来,或者转移到不受规制的子公司名下,甚至根本没有剥离发电厂。

(三) 小结

美国传统电力产业组织的特征是纵向一体化和横向分散,并且存在独立的发电企业、独立的供电企业(包括合作社)。在1992年的《能源政策法案》前,就已经存在数量不多的电能交易,并形成了基于市场交易的电能批发价格。在规制下拥有特许经营权的一体化电力公司的发电价格高于批发市场价格的州,通过市场交易而不是内部生产显然可以优化资源配置。输电网的接入就成了电力市场交易的最主要障碍。通过1992年以来的各项改革,要求放开输电准入,形成独立的系统调度机构,并构建区域性电网,美国的电力市场得以扩张。

但是,联邦能源规制委员会并没有被授权可以像在电信业分拆AT&T公司一样在电力行业中对一体化民营电力公司进行纵向分拆,把输电网络在产权上独立出来,区域性电力市场建设受阻。

在已经实行产业重组的区域,市场交易规则的设计,特别是在改革的过渡时期,成了改革成败的关键。在宾—新—马、纽约、新英格兰等拥有传统紧密型电力联营体的地区,系统调度中心都负责运营日前电力市场、时前电力市场、实时电力市场和辅助服务,即"集中交易"的模式;都允许双边交易,通过长期合同来平滑现货市场上的价格波动;在市场设计过程中都有负荷相应的程序,使终端用户可以对市场电价做出反应。相反地,在加州,电力交易中心负责日前和时前电力市场,系统调度中心负责实时电力市场和辅助服务,运营机构很难实现有效的协调;市场交易规则禁止供电公司与发电企业签订长期合同[①],在缺点时期,发电企业为了追求高额利润,甚至放弃时前市场竞价,而把电能投入到实时市场,造成市场剧烈波动;另外,零售电价冻结,用户无法根据批发市场上电价的变化来调整自己的需求。上述几个方面表明了,加州电力市场失败的核心原因在于缺乏一个有效设计的市场交易规则,使市场交易成本最小化,并替代传统的内部指令来确保电流网络的平衡与稳定。这就导致了加州电力危机。

---

① 直到 2000 年夏季,加州电力规制部门才取消签订长期合同的限制。

第三篇　中国电力体制改革

- 第九章　　产业重组前的电力体制
- 第十章　　"5号文"与电力改革
- 第十一章　"9号文"与电力改革

第九章　产业重组前的电力体制

计划经济下中国电力体制是典型的国营体制,政府纵向一体化办电。这种体制最根本的问题就是由政府失灵导致的各种扭曲。20世纪80年代为解决电力短缺而实行的多元集资办电的政策深刻改变了电力产业市场构造,尤其是市场结构和增量市场主体的性质。20世纪90年代以政企分开为主要内容的管理体制改革进一步改变了存量市场主体的性质。但是,市场运行机制仍然采用传统计划经济下以价格、投资审批为主要内容的管理方式。这种体制在促进电力工业快速发展的同时也积累了一系列问题和矛盾。

一、计划经济下的电力体制

新中国电力工业的发展是从国有国营、政府高度统一集中管理的模式下起步的。在计划经济体制下,全国一盘棋,政企合一,电力市场由国家独家经营,没有竞争,电力工业的投资和运营费用由中央政府拨款,营业利润全部上交国家。

新中国成立初期,中国电力工业几乎为零,1949年年底全国发电装机容量只有185万千瓦,年发电量43亿千瓦时,发电装机容量和发电量均居世界第25位,远远不能满足建立完整的国民经济体系对电力的需求。作为国民经济的基础产业和重要的公用事业,电力工业急切需要得到快速发展。在当时,由于公有制被认为是社会主义的主要经济特征,绝对禁止其他所有制形式的存在,中国对电力工业也采取了国家办电的政府垄断模式。在这期间,尽管国家管理电力的机构先后经历了燃料工业部、电力工业部、水利电力部,权力分配也经历了中央集权和地方分权的反复调整,但"政企合一、国有国营"是贯穿始终的重要特点。图9-1形象地描述了计划经济体制下的中国电力产业组织结构。

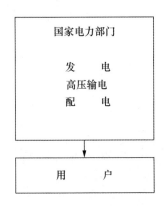

图 9-1　计划体制下的电力产业组织

如图9-1所示,在计划经济体制下,整个电力产业在纵向上和横向上都是高度一体化的,都一体化到国家电力部门。纵向上,国家电力部门垄断了发电、系统调度、输电和供电等诸环节;横向上,国家电力部门在全国范围内具有电力行业各个环节的垄断经营权,电力市场准入方面存在着森严的行政壁垒;所有权结构上,所有的电力资产都是国有产权,不存在其他所有制形式的电力企业;管理上,国家电力部门行使全国电力工业的管理权,电力部门既作为一个政府部门行使政府权力,又作为一个企业进行电力生产,政企合一;运营上,所有的投资和运营成本都是由中央财政拨款,所获得的利润全部上缴国家。

在国民经济百废待兴时期,政府高度垄断的产业组织结构在一定程度上充分发挥了"集中力量办大事"的优越性,有效克服了电力工业资金密集、技术密集的特征对资金和技术的需求,在促进电力工业迅速发展的过程中起到了积极的作用。

然而,这种国有国营的电力体制至少存在三个方面的弊端:

(1) 由于纵向、横向一体化所引起的垄断而带来的效率损失,特别是由于无法

准确把握不断变化中的市场需求和生产成本,政府集中决策会产生各种扭曲;

(2) 政企不分的管理体制带来的低效率;

(3) 电力生产的投资主体单一。

这三个方面的弊端致使中国电力发展严重滞后于整个经济发展。特别地,计划体制制约了多元化投资的可能性,电力系统的进入壁垒森严、准入限制较多,致使电力发展具有典型的计划经济体制下的"短缺经济"的特征。在计划体制下,电力工业发展指标完全依靠国家以指令性的计划下达,要么计划指标本身严重脱离实际,要么电力发展受到政治、经济事件的干扰无法完成计划,因此电力供需矛盾始终十分突出,缺电问题严重。

中国长期以来一直处于严重缺电的状况,尤其是改革开放以后,经济的高速发展带动了电力需求数量的急剧增长,电力成为国民经济发展的"瓶颈"。国家财政投资已不能适应电力工业发展的需要,如何调动各界投资办电的积极性,迅速扭转电力短缺的局面,成为20世纪80年代到90年代电力工业体制改革的核心内容。

二、投资、管理体制改革

为了摆脱电力短缺的局面,满足因经济快速发展而带来的用电需求,改革开放以后,中国政府对计划经济下的电力体制进行了一系列的改革。主要包括电力投资体制和电力管理体制两个方面,改革的方向是调动社会各界投资办电的积极性,并逐步实现政企分离,形成独立的利益主体,即逐步建成脱离行政序列的自主经营、自负盈亏、自我约束和自我发展的电力企业,并提高电力企业的运行效率。

为了突破计划经济体制下中央财政拨款的国家统一办电模式的局限性,改革开放以后,政府首先对电力产业的投资体制进行调整,降低了电力工业的进入壁垒,允许并鼓励各部门、各地区和各企业投资办电,逐步形成了多元化的电力投资主体。

从1981年开始,中国政府开始对原有的基础设施建设投资体制作出改革,试行并逐步推行"拨改贷"政策,实行资金的有偿使用。国家首先对电力行业试行"拨改贷"政策,电力企业的投资由过去政府无偿拨款改为大部分依靠银行贷款。1984

年3月,中国利用世界银行1.454亿美元的贷款兴建了云南鲁布革水电站,这是中国第一个利用外资兴建的水电站。

在投资、融资体制改革没有到位的情况下,为适应国民经济发展的需要,中央政府出台了集资办电和还本付息的电价政策,开辟了多渠道资金来源,改变了中央统一办电的格局。1985年5月,国务院颁布了《关于鼓励集资办电和实行多种电价的暂行规定》,实行以"电厂大家办,电网国家管"为方针的集资办电政策,中央政府逐步放松了对电力工业的进入管制和价格管制,出现了中央、地方和社会其他方面集资或独资兴建的独立发电企业。为了创造必要的投资激励机制,国家对原来不计成本的电价形成机制进行了改革,对新建的电厂实行了"还本付息"的电价。独立发电企业得以生存和发展的前提条件是销售收入能够保证银行贷款还本付息的需要,使自有资金投资取得一定的回报。这一政策极大地调动了各方面投资电力项目的积极性,较快地形成了多元化投资主体合资办电厂的局面。国家和各省纷纷成立了能源投资公司。1988年成立了国家能源投资公司和华能集团公司,全国各省(区、市)也纷纷成立了电力开发公司和能源投资开发公司。

在计划经济体制下,政企不分,企业没有经营决策的自主权,企业只是作为一个生产车间,其生产多少、生产的产品卖给谁、以什么样的价格出售等都是按照上级主管部门的计划性指令来实施的。这种政企不分的管理体制限制了企业作为微观经济主体、作为生产的基本组织单位所应该具有的作用的发挥。为此,从20世纪80年代开始,政府对电力工业的管理体制进行了一系列的调整,逐步减少政府对电力生产的直接干预,电力企业也因此逐步拥有自主决策的权利,成为具有独立利益的微观经济主体。

20世纪80年代初,为了加强对电力工业的统一集中管理,在中央电力部门下成立了华北、东北、华东、华中、西北和西南等六大电管局,改善了电力工业的宏观管理体制。

为了调动地方政府办电的积极性,1987年国务院制定了"政企分开、省为实体、联合电网、统一调度、集资办电"和"因地、因网制宜"的电力管理体制改革方针,实行以省为经营实体的管理体制,给地方政府适当放权。在此政策下,华北、东北、华东、华中、西北五大电力公司相继成立,另外还成立一批省(区、市)电力公司,迈出了政企分开的步伐,为进一步深化管理体制改革奠定了基础。

1988年全国进行机构改革,国务院成立了能源部作为电力行业的主管部门。同时对电力企业实行"包上缴利润、包完成技术改造任务,万千瓦时与物质消耗和工资含量包干挂钩"的承包经营责任制,初步改革了电力企业的内部经营机制,提高了经济效益,在一定程度上调整了政府与企业、所有权与经营权之间的关系。而1991年能源部颁布的《关于加强电力行业管理的若干规定》明确了各级电力主管部门以规划、指导、检查、监督、协调和服务为主要方式的管理职能。

1993年成立了新电力部,电力部的主要职责是规划、指导、检查、监督、协调、服务以及制定政策法规等,对全国电力行业进行管理。同时,在华北、东北、华东、华中和西北五大电网的基础上相继成立了华北、东北、华东、华中和西北等中国五大电力集团,负责21个省、市、自治区的电力供应,装机容量和发电量占全国的70%以上。

在进行了一系列的电力管理体制改革后,电力企业具有了一定程度的自主权,不过仍然不是真正意义上的企业,无论是各大电力集团还是各地区的电力公司,都没有充分的投资、经营决策上的自主权,电力企业还没有完全脱离行政干预。为此,1996年颁布实施了《电力法》,赋予电力企业作为商业实体的法律地位。1998年3月,进一步将电力部和水利部的电力管理局撤销,成立了国家电力公司并脱离政府序列,开始在市场经济轨道中以企业的行为方式运行。国电公司成立之后,将以政府为主体的供电模式向以市场经济为主体的办电模式转型。1998年的管理体制改革后,实现政企分离,国家电力公司不再具有行政管理职能,对电力行业的行政监督和监管职能则移交给了国家发展和计划委员会以及国家经济贸易委员会。同时,国家发展和计划委员会收回了电力项目审批权和电价定价权。国家计委下设基础产业司,基础产业司下设电力处,对电力行业提出发展规划,监测和分析行业的发展建设状况,并承担着发电重大项目的布局工作,事实上承担着电力产业的主要管理规划职能。

三、产业重组前的电力产业组织:市场化改革的初始条件

20世纪八九十年代的电力投资体制和管理体制改革促进了电力工业的快速发展和电力产业组织的巨大变迁,并为电力体制市场化改革创造了条件。在电力工业不断发展的同时,产业组织也发生了很大的变迁,形成了引入竞争的电力体制改革的初始条件。我们可以通过图9-2直观地描述这一初始条件。

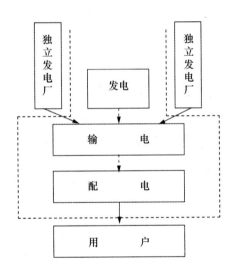

图 9-2　引入竞争前的中国电力产业组织

在纵向结构上,纵向一体化仍然是电力产业的主要特征,国家电力公司拥有近50%的发电资产和所有的输电、配电资产。投资体制改革后在发电侧形成了一批没有一体化到国家电网公司的独立发电企业,包括中央发电企业、地方发电企业、民营和外资发电企业。管理体制改革使这些独立发电企业成为具有独立决策、独立核算能力的利益主体。

在横向结构上,在发电环节,一体化了电力服务各个环节的国家电力公司不再垄断电力生产。国家电力公司所拥有的发电厂的装机容量占总装机容量的比重下降到50%以下,而由中央发电企业、地方发电企业、民营和外资发电企业构成的独立发电厂则拥有一半以上的装机容量。在输电与系统调度环节,根据20世纪80

年代的"政企分开、省为实体、联合电网、统一调度、集资办电"和"因地、因网制宜"的电力管理体制改革方针,中国的输电网和电力系统是在省和区域的基础上组织起来的。各个省、市、自治区都形成了省级输电网,并在省级电网的基础上形成了六个跨省电网,即华北电网、东北电网、华东电网、华中电网、西北电网和南方电网,并且所有的电网资产都一体化到国家电力公司里,形成了输电和系统调度环节的横向一体化。在配电环节,配电公司在其所在的地区垄断了终端用户的电力供应,而大部分的配电公司都一体化到国家电力公司里,这就意味着,国家电力公司实际上垄断着全国大部分终端用户的电力供应。

在所有权结构上,大部分的电力资产都属于国有,包括中央国有和地方国有。其中,发电环节有90%以上都是国有资产,包括国家电力公司所拥有的约35%,其他中央独立发电企业的10%,地方国有发电企业的45%,而民营和外资的发电厂的装机容量比重不到10%;输电资产和配电资产都是国有资产。其中,输电资产都是中央国有,而配电资产分为中央国有和地方国有两部分,地方国有主要包括内蒙古、陕西、山西等地方电力企业和水利系统管理的供电企业,还有油田、煤矿等系统拥有的自发自供企业,地方国有配电资产占总配电资产的20%左右。

从政府管理角度看,经过了20年来的体制改革,电力企业不再具有政府行政功能。当然由于电力产业的特殊性,电力企业受政府部门的管制。在发电环节,虽然一度放开准入,并下放项目的审批权和定价权以鼓励地方办电的积极性,但是,1998年的中央有关部委收回了发电项目的审批权和定价权,发电环节的市场准入受到了严格的政府管制。中央政府制定电力发展的各种相关规划,并据此对申报的发电项目进行审批。独立发电厂出售给国家电网公司的上网电价由中央管制部门根据"还本付息"的定价原则来制定。国家电力公司出售给终端用户的电价也是由中央管制部门制定的"捆绑式"的电价。

四、产业重组前的电力行业存在的主要问题:改革动机

在发电环节放松进入管制的投资体制改革解决了电力生产的投资主体单一问

题进而增加了发电环节的投资建设;把行政职能从企业中剥离出来的管理体制改革解决了政企不分的管理体制带来的低效率问题。但是,20世纪八九十年代的电力投资体制改革和管理体制改革并没有解决由垄断所带来的效率损失。到90年代后期,集中于中国电力行业的最主要矛盾在于行业垄断,并且存在行政垄断,这也是中国电力行业引入市场竞争的改革的动机。引入竞争前的电力产业存在的主要问题包括:

(一) 纵向排斥

在发电环节虽然存在着各种独立经济主体的发电企业,其所生产的电由还本付息的价格出售给发输配一体化了的国家电力公司,批发市场上的单一的购买者形成了买方垄断,这样各发电厂商所面临的问题就是其所生产的电能否上网。在电力供给过剩的时期,优先上网的肯定是一体化到输配环节的发电厂,这不利于没有实现一体化的发电厂商。比如,1998年7月,历尽千辛万苦建成的总容量330万千瓦、总投资280亿元的当时中国及亚洲最大的二滩水电站在投产后未能将所发水电全部售给电网,这就是垄断体制带来的恶果。[①] 在上网电价由政府制定的条件下,独立发电厂商的机组能不能正常运转就取决于垄断买方市场的国家电力公司,这将会是滋生腐败的温床,从而破坏了发电侧的有效投资与建设,阻碍了电力产业的发展。这就要求重组纵向一体化的产业组织,使各个发电企业都能够公平地使用输配线路。

(二) 横向壁垒

由于输配环节的建设是在以"省为实体"的方针下、在省的基础上组织起来的,具有一定程度的横向非一体化性,这就会造成省际的电力交易壁垒,形成行政垄断。各省区为了地方利益,宁可使用本地区高成本的电力也不愿意向别的地区购买低价电力,导致严重的地方保护、市场分割和局部的高度垄断。例如,广东省宁

[①] 当时电力行业由国家电力公司统一经营,部分电厂为其直属企业,人称"亲生儿子",二滩则为独立发电企业,人称"非亲生儿子"。

可使用本省0.7元/千瓦时的高价的燃油、煤电力,也不向云南省购买0.2元/千瓦时的水电,因为向外省购电将关系到自己省内电厂的还本付息和上缴财政税收以及就业等问题。由此就在地区内形成了内部循环,阻碍了电力资源的优化配置。特别地,中国的资源分布不均,大部分的煤炭资源主要分布于西部地区,现有探明储量中与电力产业密切相关的动力煤占73%,动力煤储量主要分布在华北和西北,"两北"地区的动力煤储量占全国的80%以上,而工业发达的华东地区仅占全国动力煤储量的1.73%。另外,中国西南地区水力资源可开发量占全国总量的比重高达68%。但长期以来,中国的能源消费主要集中于东部经济发达地区,东部能源缺乏,需要调运大量煤炭发电,造成大气和环境的污染。为了更好地配置资源,中国制定的"西电东送"战略,不仅可以将西部的自然优势转变为经济发展的优势,而且可以改变东部地区电力结构不合理的状况。但是西电东送的实现要求建立跨省区范围内的电力市场。而地区壁垒阻碍了全国统一开放的电力市场的形成,阻碍了电力资源跨省的优化配置,要打破地方利益格局就要从根本上改变现行的电力运行体制。打破纵向一体化的电力产业组织,使发电者与电网调度者的利益分开,在发电环节引入竞争,形成竞争性的电力市场,并逐步推进全国联网,建立全国统一的电力市场。

(三)电价形成机制不合理

在垄断的电力体制下,没有电力市场价格的形成机制,电价是由政府主管部门制定的。政府制定的电价主要包括上网电价和销售电价两种。

上网电价是指独立经营的发电企业向电网输送电力商品的结算价格。我国现行的上网电价一般实行单一电价制,主要有以下几种形式:① 独立经营的老电厂的上网电价。如丹江水电厂、葛洲坝水电厂等发电企业,按定额发电单位成本、发电单位利润加发电单位税金的方法核定电价,一厂一价,一次核定,多年有效。② 独立经营的集资电厂、中外合资电厂的上网电价。如华能国际下属的发电企业,一般按还本付息电价的原则核定,即按该电厂的定额发电单位成本加发电单位还贷额、减发电单位折旧额、加发电单位投资回报及企业留利、加发电单位税金来核定电价,一厂(或一机)一价,一年一定。③ 独立的地方小火电、小水电及自备电厂的上网电价。一般按平均成本加平均利润加税金的方法核定电价。此外还有各电网经营企业（电力公司）对所属非独立核算发电厂制定的各种内部核算电价，等等。

销售电价是指电力公司将电力商品销售给用户的到户价。我国目前基本上没有输配电的价格形成机制，销售电价与上网电价之间的差额可看作输配电价，其中包括各种基金及附加（如三峡建设基金）。2001年年底我国平均销售电价为0.41元/千瓦时，平均上网电价为0.282元/千瓦时，上网电价占销售电价的68%，剩余的0.13元/千瓦时是输配电价的主要部分。

这种垄断条件下的电力定价机制存在很多不合理的因素，主要包括：

(1) 从定价过程来看，主要是一种以企业个别成本为基础、成本无约束、市场无竞争、价格难控制的成本推动型的价格形成机制。由于物价管理部门在制定或调整电价时基本上是以企业上报的成本为主要依据，因此电力企业没有降低成本的动力和压力。虽然物价部门会对企业上报的成本资料进行审核，但由于信息不对称，无法了解企业的真实成本，这也会刺激企业虚报成本，其结果是鼓励粗放经营，保护落后企业，浪费资源。很多电厂靠贷款建设，高电价是和贷款连在一起的，采用还本付息的价格政策后，电力价格有几百种，基本按还本付息、维持发展来确定价格。电力建设成本和运行成本偏高，也是一个重要的价格确定因素，成本高，电价确定的基数就高。

(2) 从电价形式来看，表现出一厂一价、一机一价、各类电厂上网电价水平悬殊等不公平状况。这不仅增加了电价管理的难度，而且使发电企业失去了公平竞争的基础。

(3) 输配环节没有独立的具体价格形式，更没有明确的定价原则和办法。输配电网具有显著的自然垄断性，因而应该是价格管制的重点，以防止电网经营企业利用垄断地位获取垄断利润。

(4) 电价结构不科学。从地区上看，没有形成科学合理的地区差价，阻碍了电力资源从丰富地区向贫乏地区的合理流动。从分类看，峰谷分时电价力度不够，分类电价不能够反映用户的用电成本，交叉补贴严重，无法正确引导电力投资等。总之，现行电价结构难以发挥电价在促进电力资源优化配置和合理调节供求关系方面的功能,影响了电力工业经济运行的效率和质量。

由此可见,垄断条件下电价体系已经不能适应电力发展的需要,而且不合理的电价结构已经阻碍了整个电力行业的结构调整,需要建立一套完整的制定电价的机制。改革电价形成机制的核心是在引入竞争的基础上,分阶段、分环节建立一个完整、有序竞争的电力市场。

(四) 供求矛盾突出

在高度一体化的垄断的电力体制下,政府在电力产业的发展过程中起到了主导型的作用,政府不仅管制着电价,还管制着电力产业的准入,所有的电力项目都需要由政府主管当局进行审批。当这种集中决策是基于对市场需求和供给条件的错误判断时,就会出现供需矛盾。特别地,发电厂的建设往往需要三年甚至更长时间的周期,这就要求对未来市场需求和供给条件有一个准确的预测,否则,要么因为缺电导致拉闸限电,要么因为过剩的装机容量而带来资源的浪费。

改革开放以来,经济的持续高速增长导致了电力需求的持续增加,传统体制下的电力投资和建设不能满足经济发展的用电需求,大部分年份都处于缺电状态。缺电最为严重的年份是1986年,当年缺装机容量为25%,缺电量为20%;1994年缺电力为15%,缺电量为10%,但是东北电网和广州电网开始出现过剩,大部分地区有不同程度的缓解。经过八九十年代的电力体制改革和电力产业的发展,到1997年情况发生了很大的变化,特别是从1997年下半年开始,中国首次实现了电力供需平衡,全国所有的电网都进入了过剩,原已摆脱缺电局面的广东、东北、海南、内蒙古西部等地装机继续有一定的宽裕,枯水期缺电幅度下降,丰水期电力裕度增加;1997年5月黄河来水增加,西北电网和河南电网逐步摆脱缺电局面。特别是1998年,出现了明显的电力过剩现象,许多独立的发电厂(如二滩水电站)都不能正常出力。

基于对1998年电力供需形势的判断,国家电力主管当局做出了"五年之内不上大电厂"的决定,这就意味着关闭了发电项目的市场准入,而不管微观经济主体对市场需求所掌握的信息。① 这就导致了 1998 年以后电力建设速度的减慢,当 2002 年下半年中国经济进入新一轮的高速增长期时,高速经济增长的用电需求再一次无法得到满足,进而引发了 2003 年以来连续三年的"电荒"局面。

中国电力供应的一时过剩、一时短缺,凸显了垄断性的电力体制的弊端。解决这种弊端的方法就是放松管制,变集体决策为分散决策,让市场参与者根据市场供求情况来自主决定市场进入与市场退出。当前,分散决策的前提就是打破垄断的电力产业组织格局,引入竞争,建立竞争性的电力市场。

(五) 电网建设落后

20 世纪八九十年代的改革主要是鼓励发电侧的建设,而忽略了输电网和变电站的建设。电网建设滞后于电源部分直接影响了电力的生产和消费,主网架构薄弱,城市电网严重老化,农村电网覆盖面小,损耗大。城乡居民用电受到配电网的严重制约。经济发达国家的发电、输电、配电投资比例一般为 1∶0.5∶1,而中国 90 年代起近十年来的投资比例为 1∶0.25∶0.5,输电和配电比例偏低,由此造成了能耗高、调峰能力差,区域间电网无法相互调节电力供应的现状。

因此,在中国的电力建设中,应注重调整投资结构,加大对电网建设的投资力度。特别是中国的西部地区具有世界上最丰富的水利资源,而电网建设(特别是跨区联网工程)是发展西部电力工业的重要环节,也是西电东送的重要保障,中国能源资源和用电负荷的分布差异,决定了中国必须加强电网建设,实现全国联网。

输电网络的加快建设有利于在更大的范围内实现对电力资源的配置,同时,输电网络的加快建设需要对传统的电力体制做出调整,让市场上的输电需求来决定输电线路的建设需求,同时通过合理的输电电价来对输电建设进行激励。

(六) 电源结构有待优化

在中国的电源结构中,火电的装机容量占总装机容量的 75% 左右,而水电的

---

① 实际上,1998 年按照中国 GDP 的增长率 7.8% 来计算,当年中国的电力弹性只有 0.3 左右,这远远低于 1981—2000 年 0.8 的平均水平。这意味着,1998 年是一个异常点。一般地,电力弹性在短时期内不会发生大的变动,1998 年的异常表明当年的 GDP 统计上存在偏差。基于这种偏差做出"五年之内不上大电厂"的决定则体现了集中决策的弊端。

装机容量约占总装机容量的20%左右。这在很大程度上反映了中国一次能源以煤炭为主的资源特征,但是,中国拥有丰富的水电资源,开发程度却很低,中国水能技术可开发量为3.78亿千瓦,而到2001年水电装机容量仅有4 919万千瓦,占可开发水能资源的13%,由于水电建设发展迟缓,大量水能资源被浪费。

另外,火电发电机组中,高耗能、高污染的小机组大量存在,电源水平很难提高,达不到规模经济的中小火电的比例过高。20万千瓦以下机组占总装机容量的43%,10万千瓦以下的占32%,资源有效利用及环境污染问题难以解决。

电源结构的不合理跟垄断的电力产业组织结构有很大的关系。首先,电价中并没有考虑到电力生产的外部成本(如环保成本);其次,在纵向一体化的垄断的电力体制下,电力调度并不是根据发电厂的效率而定,既不管是高效的大机组还是低效的小机组都能得到同等机会的调度,也不管它们在效率和环境污染上的差异。这就要求打破垄断的电力体制,引入竞争,通过竞争性的价格机制来优化电源结构,让市场机制来淘汰低效率、高成本的发电机组。

第十章 "5号文"与电力改革

2002年国务院批准的《电力体制改革方案》(国发[2002]5号,以下简称"5号文")开启了以打破垄断、引入竞争为目的的电力体制市场化改革。在"5号文"框架下的"厂网分开"、"主辅分开"等改革举措进一步改变了电力产业的市场结构,为实现电力市场的竞争创造了条件;同时组建国家电力监管委员会,试图构建有效规制下的电力市场体系。但是,由于市场设计上的缺失,市场运行机制没有取得突破;同时,受管理权限的约束,独立的监管机构也难以发挥好规制功能。"5号文"框架下的改革没能实现电力市场竞争。

一、"5号文"颁发后电力改革进程概览

在"5号文"颁发后,按照设定的改革总体目标,政府相关部门出台并实施了一系列的改革举措,截至2015年政府启动新一轮的电力体制改革,"5号文"框架下的电力市场化改革经历了13年的历程。表10-1列出了2002年以来电力市场化改革的主要事件。

表 10-1　中国电力体制市场化改革进程表

时间	事件	核心内容
2002 年 4 月	国务院批准《电力体制改革方案》	长期:打破垄断,引入竞争;"十五":厂网分开,竞价上网,电价改革,环境折价标准,大用户直购电试点。
2002 年 12 月	重组国家电力公司	厂网分开,把原国家电力公司重组为五大全国性的独立发电公司和两大电网公司。
2003 年	成立国家发展改革委和电监会	国家发展改革委管制电力项目审批和电价;电监会培育市场和监管市场。
2003 年	国务院印发了《电价改革方案》	长期:发电、售电价格由市场竞争形成,输电、配电价格由政府制定;近期目标:竞价上网,独立输配电价,销售电价与上网电价联动,大用户直购电。
2003 年	电监会制定交易规则	《电力市场运营基本规则(试行)》《购售电合同》《并网调度协议》。
2004 年	电监会制定大用户直购电交易规则	《电力用户向发电企业直接购电试点暂行办法》《委托输电服务合同》《电量直接购售合同》。
2004—2006 年	竞价上网模拟运行与试运行	东北:两部制月度竞价;华东:差价合同月度、日前竞价;华中:双边交易和日前竞价。
2005—2006 年	大用户直购电试点	2005 年 3 月,吉林炭素集团向吉林龙华公司直购电 3.9 亿千瓦时;2006 年,广东直购试点;2006 年,各省向电监会提出直购试点申请。
2005 年 5 月	国家发展改革委:电价改革实施办法	上网电价:成本加成定价,逐步向两部制竞价过渡;输配电价:购销差价向成本加成过渡;销售电价:政府分类定价。
2005 年 5 月、2006 年 6 月	国家发展改革委:第一次、第二次煤电价格联动	第一次:销售电价提高 25.2 元/千千瓦时;第二次:上网电价平均上调 11.74 元/千千瓦时,销售电价平均提高 24.94 元/千千瓦时。
2006 年 8 月	电监会:推行电力业务许可证制度	强化市场的准入监管。
2007 年 4 月	国务院:关于"十一五"深化电力体制改革实施意见	主辅分离,优化调度方式,输配分开试点,全面电价改革,加快电力市场建设,逐步实现竞价上网。
2009 年 10 月	国家发展改革委和电监会联合制定《关于加快推进电价改革的若干意见(征求意见稿)》	提出电价改革的七个重点任务:推进电力用户与发电企业直接交易试点;构建有效电力市场体系,实现竞价上网;开展大用户与发电企业双方交易试点;放开新核准机组上网电价;完善政府定价;逐步建立规范的输配电价机制;推进销售电价改革。
2010 年 5 月	国家发展改革委、国家电监会、国家能源局联合下发《关于清理对高耗能企业优惠电价等问题的通知》	因节能减排形势严峻,中央多部委叫停地方"直购电"试点。

(续表)

时间	事件	核心内容
2011年9月	国资委、国家发展改革委印发《电网主辅分离改革及电力设计、施工企业一体化重组方案》	由两大电网公司剥离的辅业与4家中央电力设计施工企业重组形成中国电力建设集团有限公司、中国能源建设集团有限公司。
2013年3月	新一轮国务院机构改革	合并原国家电力监管委员会和国家能源局,组建新的国家能源局。
2014年上半年	重启"直购电"试点	安徽、江苏、江西等十多个省重启"直购电"试点。
2014年11月	国家发展改革委《关于深圳市开展输配电价改革试点的通知》	输配电价总水平等于输配电总准许收入除以总输配电量。总收入的核定方法为:准许收入=准许成本+准许收益+税金。准许成本包括了折旧费和运行维护费;准许收益是可计提收益的有效资产乘以加权平均资本收益率;税金包括企业所得税、城市维护建设税、教育费附加。

总体上看,中国电力体制改革在产业重组方面取得了积极进展,但是在市场交易规则设计和规制体系建设上没有实现"5号文"的既定目标。

二、产业重组

为了在发电环节引入竞争机制,《电力体制改革方案》规定首先要实现"厂网分开",将国家电力公司管理的电力资产按照发电和电网两类业务进行划分,重组发电和电网企业。发电环节按照现代企业制度要求,将国家电力公司管理的发电资产直接改组或重组为规模大致相当的五个全国性的独立发电公司[①],由国务院分别授权经营。电网环节分别设立国家电网公司和中国南方电网有限责任公司。国家电网公司作为原国家电力公司管理的电网资产的出资人代表,按国有独资形式设置,在国家计划中实行单列,由国家电网公司负责组建华北(含山东)、东北(含内蒙古东部)、西北、华东(含福建)和华中(含重庆、四川)五个区域的电网有限责任公司或股份有限公司。西藏电力企业由国家电网公司代管。国家电网公司主要负责各区域电网之间的电力交易和调度,并参与跨区域电网的投资与建设;区域电网公

---

① 除华能集团公司直接改组为独立发电企业外,其余发电资产重组为规模大致相当的四个全国性的独立发电企业。

司负责经营管理电网,保证供电安全,规划区域电网发展,培育区域电力市场,管理电力调度交易中心,按市场规则进行电力调度。区域内的省级电力公司可改组为区域电网公司的分公司或子公司。南方电网公司由广东、海南和原国家电力公司在云南、贵州、广西的电网资产组成,按各方面拥有的电网净资产比例,由控股方负责组建南方电网公司。

2002年12月,中国华能集团公司(华能)、中国大唐集团公司(大唐)、中国华电集团公司(华电)、中国国电集团公司(国电)和中国电力投资集团公司(中电投)等五大全国性的独立发电公司与国家电网和南方电网等两大电网公司已经正式成立,形成了新的电力产业组织结构。

对原有的国家电力公司进行资产重组后,在电力产业实现了发电环节与输电环节的纵向分离。而输电环节和配电环节仍然继续维持纵向一体化,并且在其所在的区域范围内实现横向一体化(见图10-1)。

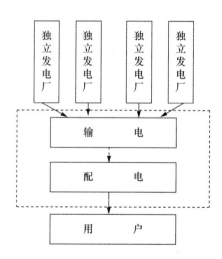

图10-1 重组后的电力产业组织结构

打破了传统的纵向一体化的垄断结构后,在发电环节形成了多元化的投资、生产主体。根据原国家电监会发布的《电力监管年度报告(2011)》,截至2011年年底,全国累计颁发发电企业许可证20 299家(装机容量6 000千瓦以上累计实际颁发5 093家),发电环节继续呈现出多元化的竞争格局。全国主要的发电企业包括27家(见表10-2)。

表 10-2　中国发电企业构成类别

中央国企	原"国家电力公司"拆分重组形成的五大发电集团	中国华能集团公司 中国大唐集团公司 中国华电集团公司 中国国电集团公司 中国电力投资集团公司
	其他央企下属的发电企业	神华集团有限责任公司 中国长江三峡集团公司 华润电力控股有限责任公司 国家开发投资公司 中国核电集团公司 中国广东核电集团有限责任公司 新力能源开发有限公司
地方国企	省国资委下属的发电企业	广东省粤电集团有限公司 浙江省能源集团有限公司 北京能源投资集团有限公司 河北省建设投资公司 申能集团有限公司 安徽省能源集团公司 湖北省能源集团有限公司 深圳市能源集团有限公司 江苏国信资产管理集团有限公司 甘肃省电力投资集团公司 广州发展集团有限公司 宁夏发电集团公司 万家寨水利枢纽 江西省投资集团公司 山西国际电力集团有限公司

截至 2013 年年底，全国全口径装机容量为 12.57 亿千瓦，其中中央直属五大发电集团年末总装机容量 58 282 万千瓦，约占全国全口径装机容量的 46%；其他 7 家中央发电企业年末总装机容量为 19 049 万千瓦，约占全国全口径装机容量的 15%；15 家规模较大的地方国有发电企业年末总装机容量为 12 018 万千瓦，约占全国全口径装机容量的 9.6%。上述 27 家大型发电集团装机容量约占全国总装机容量的 71%。

在输电方面，根据 2002 年的"厂网分开"方案，全国主要输配电业务由拆分后的国家电网公司和南方电网公司分区域专营，其中国家电网公司区域为除南方区域电网外的 27 个省市，南方电网公司区域则为南方区域电网的 5 个省市。另外，在一些地方仍然存在一些地方电网企业，包括省级地方电网公司——内蒙古电力

(集团)有限责任公司,以及陕西省地方电力(集团)有限公司、山西地方电力有限公司等。在目前输配电与售电一体化的模式下,国家电网公司和南方电网公司的售电量占全国售电量的90%以上。

三、市场设计

"厂网分开"后,作为在零售市场上唯一的供电商的输配电公司只留有一定比例的发电厂作为调峰备用容量,输配一体化的电力公司出售给终端用户的大部分电都是在此批发市场上向独立的发电企业购买的。输配电力公司与发电厂之间不再是科层式命令和控制的内部交易关系,而是外部的市场交易关系。电力公司与发电厂之间的交易主要依据1993年的《电网调度管理条例》和1994年的《电网调度管理条例实施办法》所规定的交易规则来执行。并网运行的发电厂、机组、变电站均必须纳入调度管辖范围,服从调度机构的统一调度,履行调峰、调频、调压的义务条款。在厂网分开的条件下,国家电监会根据《电网调度管理条例》的相关规定,于2003年制定和颁发了《电力市场运营基本规则(试行)》《购售电合同(示范文本)》和《并网调度协议(示范文本)》。电力公司作为单一买方,所有的购售电交易都通过一体化到电力公司的调度机构来实现。电力公司与发电厂事前签订购售电合同,电力公司的系统调度机构根据合同及终端用户的消费情况来安排电厂的日发电调度计划曲线。运行中,值班调度员可根据实际的运行情况对日发电调度计划曲线作适当调整,值班调度员对日发电调度计划曲线的调整应提前通知电厂值班人员。另外,电力调度机构按照同网、同类型、同等技术条件的机组调整幅度基本相同的原则,兼顾电网结构和电厂的电气技术条件,安全、优质、经济地安排电厂参与电力系统的调峰、调频、调压和备用。发电企业必须遵守双方签署的并网调度协议,服从电力统一调度。发电企业按月向购电人提供电厂机组的可靠性指标和设备运行情况,及时提供设备缺陷情况,定期提供电厂机组检修计划,严格执行经购电人统筹安排、平衡并经双方协商确定的电厂机组检修计划。电厂机组的商业运行期上网电价,由售电人按国家有关规定进行测算,报政府价格主管部门批准后执行。

为了逐步改变传统的电力调度方式,推进电力市场建设,国家电力监管委员会先后在东北、华东、南方等地区开展"竞价上网"的试点工作。在东北地区,2003年和2004年分别采取了"两部制电价加全电量竞争"方式和"单一制电价"模式下的月度竞价模拟;在华东地区,2004—2006年采取了"全电量竞价加差价合同"的竞价方式进行了月度、日前竞价模拟;2006年研究了华中电力市场交易规则,提出了"以双边交易为主、日前竞价为辅"的市场模式,同时启动了华北、西北等地区的市场设计研究。

对于大用户直接向发电企业购电的交易,国家电监会于2004年先后颁发制定了《电力用户向发电企业直接购电试点暂行办法》《委托输电服务合同(范本)》和《电量直购合同(范本)》。根据规定,电网公平开放,在电网输电能力、运行方式和安全约束允许的情况下,电网经营企业应当提供过网输电服务,输配电价应由政府价格主管部门按"合理成本、合理盈利、依法计税、公平负担"的原则制定,近期暂按交易所在电网对应电压等级的大工业用电价格扣除平均购电价格的原则测算,报国务院价格主管部门批准后执行。大用户向发电企业直接购电的价格、结算办法,由购售双方协商确定,并在相关合同中明确。电网根据可靠性和服务质量标准的要求,负责提供专项和辅助服务。发电企业和大用户根据合同的约定对电网经营企业提供辅助服务。专项和辅助服务的价格标准执行国家有关规定,在近期按交易所在的电网对应电压等级的大工业用电价格扣除平均购电价格的原则确定输配电价时,电网经营企业对发电企业和大用户不再另行收取专项和辅助服务费用。发电企业、大用户应当服从电力统一调度,并及时向电力调度机构报送电力直购和过网供电服务的相关信息、报表。电力调度机构应当按照"公平、公正、公开"的原则和有关合同(协议)进行调度,并及时向发电企业、大用户披露电力调度信息。

四、规　　制

2003年在整合原国家发展计划委员会[①]、原国务院体改办和原国家经贸委部

[①] 1952年为了实施国民经济发展计划,成立了国家计划委员会;1998年原国家计划委员会更名为国家发展计划委员会;2003年将原国务院体改办和国家经贸委部分职能并入,改组为国家发展和改革委员会。

分职能的基础上成立了国家发展和改革委员会,国家发展改革委下设能源局负责:提出满足国民经济和社会发展需要以及确保能源安全的能源发展战略;研究拟订能源发展规划和年度指导性计划;审核能源重大项目;研究提出能源发展政策和产业政策;研究提出能源体制改革的建议等职能。在能源局下设电力处,承担着电力行业的规划和重大项目的建设审批以及电价的制定等职能。

在"厂网分开"后,为了对电力企业进行有效的监管,2003年3月20日正式挂牌成立了国家电力监管委员会。电监会按照垂直管理体系,向区域电网公司电力交易调度中心派驻代表机构,成立了华北电监局、东北电监局、华东电监局、华中电监局、西北电监局和南方电监局,以及在太原、济南、兰州、杭州、南京、福州、郑州、长沙、成都、昆明和贵阳等11个城市电监办。电监会根据国务院授权履行全国电力监管职责,主要包括:制定市场交易规则;对电力企业、电力调度交易机构执行电力市场交易规则的情况,以及电力调度机构执行电力调度规则的情况实施监管;对发电厂并网、电网互联以及发电厂与电网协调运行中执行的有关规则进行监管;对电力市场向电力交易主体公平开放以及输电企业公平开放电网的情况进行监管;对电力生产的质量、安全进行监督管理;颁发和管理电力业务许可证;对发电企业在各市场中所占份额的比例实施监管;对电价实施监管。

除了国家发展改革委和电监会外,对电力行业拥有管理职能的政府部门还有国资委、地方经贸委、工商管理部门、环保局、技术质量监督部门和财政部等。表10-3列出了改革前后电力管理职能在各政府部门中的分配情况。

如表10-3所示,中国的电力行业管理中存在"多头管理"的特征。特别地,电监会成立后,国家发展改革委与电监会两个电力产业的主要主管机构在监管职权上也存在一些重叠和矛盾。2005年5月1日,《电力监管条例》正式实施,使电监会作为电力市场的监管者有法可依。但是,自2003年3月成立以来,电监会虽然履行了电力市场监管职能,却缺乏最重要的电价管理权和项目准入权。电价的定价权是电力监管最核心的工具之一。此前未被明确赋予定价权的电监会一直认为没有定价权将直接影响到电监会监管工作的效果和权威性。而国家发展改革委方面则坚持认为,电价关乎整个国家宏观经济的运行,应该由管理国家宏观经济的政府部门来管理。《电力监管条例》中对于电力市场中最重要的电价管理权的规定依然模糊:"国务院价格主管部门、国务院电力监管机构依照法律、行政法规和国务院的规定,对电价实施监管。"(第 20 条)缺乏电价管理权和项目准入权这两个核心的管制权利,电监会无法真正实现进行电力市场建设、优化电力资源配置的功能。近年来电监会的工作重点只能集中在对电力安全生产的监督和加强需求侧的管理上。

表 10-3 2002 年电力体制改革前后的管理职能对比

管理职能	改革前	改革后
价格监管	国家计委	国家发展改革委为主,电监会部分参与
投资准入	国家计委	国家发展改革委
市场准入	国家经贸委	电监会
服务义务和服务质量	国家经贸委	电监会
行政执法	国家经贸委	电监会、地方经贸委
供电营业区划分	国家经贸委	地方经贸委、电监会
审批电力技改项目	国家经贸委	国家发展改革委
技术、质量标准	国家经贸委	国家发展改革委
监督企业财务制度	财政部	财政部为主,电监会部分参与
国有资产监督管理	财政部	国资委
环境监管	环保局	环保局
核定企业经营范围	工商管理部门	工商管理部门
电能计量标准	技术质量监督部门	技术质量监督部门
安全监管	国家经贸委	电监会
普遍服务	国家经贸委	电监会

为了明确国家发展改革委和电监会的管制职能,2005 年 5 月底,中央编制办公室下发了《关于明确发展改革委与电力监管委员会有关职责分工的通知》,首次明确了国家发展改革委与电监会在十三项电价监管职责上的分工。在电力市场准入方面,发展改革委负责电力建设项目的投资审批、核准,电监会负责颁发和管理电力业务许可证。发展改革委在审批电力建设项目时,要充分考虑对市场的影响,经发展改革委审批通过的电力建设项目,应同时抄送电监会;电监会颁发电力业务许可证的有关文件应同时抄送发展改革委。在电价管理方面,发展改革委在起草有关电价管理的法律、法规、规章,进行电价政策调整,制定全国性电价调整方案以及涉及全国性的重大电力项目电价时,应事先书面征求电监会的意见,重要文件应

会签电监会;跨省(区)电力价格由电监会负责监控,并根据交易情况提出价格调整意见,发展改革委在电监会意见的基础上调整电价;输配电价格成本审核办法由发展改革委会同电监会制定,共同颁布实施。辅助服务价格由电监会拟定,商发展改革委同意后颁布实施;跨区域电网输配电价由电监会审核,报发展改革委核准,具体程序是电网经营企业主报电监会,抄报发展改革委,电监会审核并报发展改革委核准后批复实施;跨省电网输配电价由发展改革委审核,征求电监会意见,具体程序是电网经营企业主报发展改革委,抄报电监会,发展改革委征求电监会意见后批复实施;销售电价由发展改革委负责制定,省级政府价格主管部门、电监会研究提出调整的意见和建议;大用户用电直供的输配电价格,由电监会提出初步意见,报发展改革委核批;未实行竞价的上网电价由发展改革委制定,电监会可提出调整意见;区域电力市场发电容量电价,由电监会根据电力市场情况,研究提出初步意见,报发展改革委核批,区域电力市场最高、最低限价由发展改革委会同电监会制定并共同颁布实施。在电价监督检查方面,现阶段委托电监会对电力企业之间的价格行为(上网电价、输配电价)进行监督检查,在容量电价、输配电价格方面,以电监会为主会同发展改革委进行监督检查;在终端销售电价方面,以发展改革委为主会同电监会进行监督检查。发展改革委和电监会按照各自的职责对价格违法行为进行处理。发展改革委对电价违法行为实施行政处罚,电监会对查出的电价违法违规行为,应及时向发展改革委提出价格行政处罚建议。

尽快在政府试图在各部门之间明确职责分工,但总体上看,对自然垄断企业仍然采用传统的价格、投资审批的管制方式,而不是由专门的独立监管机构进行现代意义上的经济性规制。另外,由于电力市场迟迟未能建立,国家电力监管委员会处于"无事可监"、"无权可监"的境地。2013年国务院新一轮机构改革中,原国家电力监管委员会和原国家能源局合并重组为新的国家能源局,由国家发展改革委管理。这实际上宣告了"5号文"框架下规制体制建设探索的不成功。

五、改革的局限性

"厂网分开"把发电环节与输电环节进行纵向分离,这是电力市场竞争有效发挥作用的必要条件。因为在电力市场中,作为基础设施的输电网络是自然垄断的,也就是说,在一个区域电力市场范围内,只有一套输电网络提供输电服务。如果把市场范围内的所有发电企业都一体化到垄断的电网企业里,则垄断得以从输电环节扩张到发电环节,即只有一家发电企业独家垄断发电市场,从而在发电市场上无法进行有效竞争。另一方面,由于电厂所生产的电能无法储存,只能通过输电线路以光速传输给消费侧,新的发电企业进入发电市场的前提条件是要拥有输电网络。不拥有输电网络这种沉淀性资产的潜在发电市场上的竞争对手即使发现了发电市场上存在的获利机会,也无法进入。换言之,大量的沉淀成本的存在形成了严重的市场进入壁垒,阻碍了新竞争对手的进入,潜在竞争无法发挥作用。如果部分发电厂一体化到垄断的电网企业里[①],则纵向排斥问题将损害市场竞争。电网企业在分配输电容量时(特别是在发电装机容量富裕的条件下)将会优先考虑一体化了的发电企业。另外,一体化的电力企业还可以利用交叉补贴(比如提高输电价格、降低发电价格)来挤占其竞争对手的市场份额。在发电市场上,独立的发电企业无法与一体化了的电力企业进行公平的竞争,这将损害市场竞争的有效性。"厂网分开"后,发电厂在电力行业的基础设施中分离出来,在发电侧存在多家发电企业相互竞争的局面。另外,由于分离了最主要的沉淀性资产,大大降低了发电市场的进入壁垒,潜在竞争将和实际竞争一起约束在位的发电企业的行为,从而提高了电力行业运行的经济绩效。从这个意义上看,"厂网分开"的产业重组是实现电力市场竞争的一个必要的前提条件,中国电力体制市场化改革已经迈出了必要的关键的一步。

然而,"厂网分开"只是实现电力市场竞争的必要条件而非充分条件。从理论上讲,实现传统的自然垄断行业的有效竞争的前提是剥离出具有自然垄断特征的沉淀性资产,并使其独立于市场交易。因为自然垄断环节参与市场竞争一方面使得垄断得以扩张到具有竞争性的环节,另一方面形成了严重的进入壁垒,限制潜在竞争发挥作用。具体到电力产业,重组的要求就是要在实现批发市场竞争前把具有自然垄断特征的输电网络剥离出来并使其独立于批发市场交易,在实现零售竞争前把配电线路剥离出来并使其独立于零售市场交易。而在中国,"厂网分开"

[①] "厂网分开"前中国电力产业的情形。

的电力产业重组并不是剥离出输电资产并使其独立于电力市场。相反地,把具有竞争性的发电资产从输配资产中剥离出来,使竞争性的发电企业与垄断性的输配电一体化的企业成为电力批发市场上交易的双方,发电企业"竞价上网"。认为"竞价上网"可以在发电侧实现多家发电企业相互竞争的格局,并把这种竞争模式作为实现电力市场竞争的第一步,作为通向最终电力市场竞争的过渡阶段。

实际上,这种模式并不是有效的电力市场竞争的形式,而只是一种有限竞争的形式。尽管在发电环节存在多家竞争性的独立发电厂商,但是,输电和配电环节仍然实行纵向一体化,区域内的省级电力公司改组为区域电网公司的分公司或子公司。这样竞争性的发电商只能将电卖给电网公司,在批发市场上,电网公司形成买方垄断;而在零售市场上,电网公司(下属电力公司)对最终用户仍是完全垄断的。这种"竞价上网"的交易模式与传统的完全纵向一体化条件下的垄断一样是缺乏效率的。为了说明这一点,我们把电力行业的交易过程抽象为发电、输电、配电和需求侧四个环节,与第三章一样,假定:

发电企业的成本函数为

$$C_1(q) = F_1 + c_1 q + d_1 q^2$$

输电企业的成本函数为

$$C_2(q) = F_2 + c_2 q + d_2 q^2$$

配电企业的成本函数为

$$C_3(q) = F_3 + c_3 q + d_3 q^2$$

市场反需求函数为

$$p = a - bQ$$

发电环节具有多家发电企业,其最小平均成本为 $p_1^c = c_1 + 2\sqrt{d_1 F_1}$;配电企业最小平均成本为 $p_3^c = c_3 + 2\sqrt{d_3 F_3}$;输电环节只有一家企业,具有自然垄断性。社会净福利函数为

$$\text{NSW} = \int_0^Q (a - bQ) \mathrm{d}Q - [(c_1 + c_3 + 2\sqrt{d_1 F_1} + 2\sqrt{d_3 F_3})Q + F_2 + c_2 Q + d_2 Q^2]$$

社会净福利最大化的产量为

$$Q^* = \frac{a-(c_1+c_2+c_3+2\sqrt{d_1F_1}+2\sqrt{d_3F_3})}{b+2d_2}$$

当 $Q^* = \sqrt{\frac{F_2}{d_2}}$ 时,

$$Q^* = \frac{a-(c_1+c_2+c_3+2\sqrt{d_1F_1}+2\sqrt{d_2F_2}+2\sqrt{d_3F_3})}{b}$$

终端消费者的电价水平为

$$p^* = c_1+c_2+c_3+2\sqrt{d_1F_1}+2\sqrt{d_2F_2}+2\sqrt{d_3F_3}$$

在纵向一体化垄断条件下,电力公司既拥有发电资产又拥有输电、配电资产,对终端消费者提供垄断的供电服务。追求利润最大化的电力公司会通过合理建设电厂和配电站来最小化其发电成本和配电成本,最小平均发电成本为 $p_1^c = c_1 + 2\sqrt{d_1F_1}$,配电成本为 $p_3^c = c_3 + 2\sqrt{d_3F_3}$。一体化的电力公司的利润函数为

$$\pi = (a-bQ)Q - [(c_1+c_3+2\sqrt{d_1F_1}+2\sqrt{d_3F_3})Q+F_2+c_2Q+d_2Q^2]$$

利润最大化的一阶条件为

$$Q^m = \frac{a-(c_1+c_2+c_3+2\sqrt{d_1F_1}+2\sqrt{d_3F_3})}{2b+2d_2}$$

垄断价格为

$$p^m = a - \frac{ab-b(c_1+c_2+c_3+2\sqrt{d_1F_1}+2\sqrt{d_3F_3})}{2b+2d_2}$$

图 10-2 直观地描述了利润最大化的一阶条件。

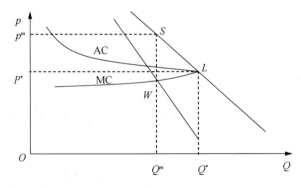

图 10-2 纵向一体化垄断下的社会福利净损失

如图 10-2 所示，在传统的纵向一体化垄断下，追求利润最大化的电力公司可以通过限制产量、提高价格来获得最大化的超额利润，并由此导致了社会福利净损失，如图中 SWL 的面积。

在"厂网分开、竞价上网"模式下，发电环节存在多家企业竞争，输电环节只有一家企业。电网企业在批发市场上具有买方垄断地位，在零售市场上具有买方垄断地位。如果发电市场实现充分有效竞争，则电网企业得以在批发市场上以 $p_1^c = c_1 + 2\sqrt{d_1 F_1}$ 的价格向每家发电企业购买 $\sqrt{\frac{F_1}{d_1}}$ 单位的电能。另外，我们还假定电网企业能够有效地分配配电区域，从而在最低成本处配售电能，即配售电的平均成本为 $p_3^c = c_3 + 2\sqrt{d_3 F_3}$，每家配电站的配售电量为 $\sqrt{\frac{F_3}{d_3}}$。则电网企业的利润函数为

$$\pi' = (a - bQ)Q - [(c_1 + c_2 + 2\sqrt{d_1 F_1} + 2\sqrt{d_3 F_3})Q + F_2 + c_2 Q + d_2 Q^2]$$

利润最大化的一阶条件为

$$Q'^m = \frac{a - (c_1 + c_2 + c_3 + 2\sqrt{d_1 F_1} + 2\sqrt{d_3 F_3})}{2b + 2d_2}$$

终端销售电价为

$$p'^m = a - \frac{ab - b(c_1 + c_2 + c_3 + 2\sqrt{d_1 F_1} + 2\sqrt{d_3 F_3})}{2b + 2d_2}$$

电网企业根据利润最大化的要求确定转售电量 Q'^m，支付给发电企业的价格为 p_1^c，向消费者收取的电价为 p'^m。对比 Q^m 和 Q'^m 可以发现，正如垄断厂商压缩产量以提高价格一样，垄断的电网企业通过较少转售量以在批发市场上限制购电量，并在零售市场上抬高价格。在没有政府管制的条件下，纵向一体化垄断与"厂网分开、竞价上网"的社会福利净损失量相等。

在"厂网分开、竞价上网"的模式下，由于垄断性的电网公司参与了电力市场的交易，政府对垄断性的电网公司的管制不仅需要管制其输配电服务成本，还需要管制电网公司的购电与售电。传统纵向一体化下的政府管制所面临的所有问题在该种模式下也同样存在。

不仅如此，考虑到电力产业的技术经济特性，一方面，发电资产具有交易的专用性，其所生产的电只能通过具有自然垄断性质的电网传输给用户，在单一买方模式下，发电企业使用输电网络传输电能的权利无法得到保障，只能把产品卖给批发市场上具有买方垄断势力的电网企业；另一方面，电网企业需要发电厂随时服从系统调度机构的调度指令调整发电出力以确保发电量与用电量的实时平衡和电流网络的安全稳定运行。为了节约市场交易费用，上述两个方面的因素将在单一买方模式下促使电网公司与独立发电商签订长期（电厂寿命周期）购售电合同，合同价格作为捆绑电费的一部分，市场风险、技术风险和部分信用风险都转嫁给最终用户。实际上，这只不过是用准一体化形式替代了原来的纵向一体化形式。合同电价包括两部分，一是为回收独立发电商固定成本而确定的固定年费用，二是为回收生产每单位电能的可变成本而确定的费用。在这种准一体化的模式下，购售电合同中有关技术标准、燃料和电厂设置的地点通常由电网公司规定，这就损害了发电市场上竞争的有效性，因为新技术、新燃料和新地点的选择能够获得较高的效率。

为了在批发市场领域引入买方竞争，中国积极推进大用户和发电厂直接签订购售电合同的试点工作，这在一定程度上打破了电力批发市场上电网公司买方独家垄断的局面。但是，在电网公司参与市场竞争的条件下，电网公司是批发市场上最大的购买者，同时电能必须通过电网传输，大用户和电网公司作为批发市场上的买方，无法进行公平竞争。

综上所述，"厂网分开、竞价上网"并不是一种有效竞争的产业组织方式。北爱尔兰电力改革的初始模式就采取了这种方式。1992年北爱尔兰电力公司（NIE）进行纵向分离，将四个发电站卖给了三家不同的公司，实现了发电和输电的分离，而输电、配电和供电则一体化到一家受管制的特许垄断公司里。发电公司的所有电力都卖给了垄断的电力公司的电力采购部门，不存在供应竞争。在这种模式下，1996年北爱尔兰的电力价格大约比英格兰和威尔士的电价高23%。另外，发电企业纷纷与电力公司签订了保护性的长期合同，电力生产因此缺乏竞争，到1998年，北爱尔兰的电价比英格兰和威尔士高出42%。北爱尔兰的电力行业也因此经历了重组和深化改革。

第十一章 "9号文"与电力改革

2015年3月,中共中央国务院发布了《关于进一步深化电力体制改革的若干意见》(中发[2015]9号,以下简称"9号文");2015年11月,国家发展改革委、国家能源局等部门发布了6个电力体制改革配套文件,开启了新一轮电力体制改革。从市场构造与规制的分析视角看,"9号文"要解决的问题应该是市场构造中的市场交易规则的设计问题以及规制问题。按照"9号文"及其配套文件的内容,在市场交易模式方面,新一轮电力体制改革实际上放弃了"竞价上网"的模式而采用以双边交易为主的模式。在产业重组方面,"9号文"也没有采用"5号文"所确定的输配分开的改革举措,而是在输配一体的前提下,培育多元售电主体,同时通过逐步开放配电业务的形式在增量上进行输配分开。

一、"9号文"出台的背景

(一) 停步不前的电力改革

前面的分析表明,"5号文"框架下中国电力改革的主要进展是实现了"厂网分开"的产业重组,为构建竞争性的电力市场创造了条件。但是之后的电力改革却进展缓慢甚至停步不前,竞争性的电力市场没有形成,价格机制没有发挥作用。究其原因,是电力市场设计存在问题。不同于一般的商品,电力交易需要通过输配电网络传输方能完成,电力市场不会自动达成交易。换言之,电力市场需要人为设计,以确定市场交易规则和运行机制,特别是协调发电企业、电网企业和终端用户之间的关系。

"5号文"改革框架确定的市场交易模式是"竞价上网",这种市场交易模式使得电网企业在电力批发市场上具有买方垄断势力,在零售市场上又具有卖方垄断势力,不是一种有效的市场交易模式。市场交易模式选择的偏差是"5号文"框架下电力改革进展不顺的重要原因之一。经历了13年的电力体制改革后,仍然没有形成竞争性的电力交易市场,没有形成市场供求关系决定的电价,无法发挥价格机制在资源配置中的作用。电力产业市场准入、投资、生产和价格等诸多方面仍由政府相关部门管制。

(二) 全面深化改革的提出

2013年11月,中共十八届三中全会通过了《中共中央关于全面深化改革若干重大问题的决定》。其中指出,经济体制改革是全面深化改革的重点,核心问题是处理好政府和市场的关系,使市场在资源配置中起决定性作用和更好发挥政府作用。市场决定资源配置是市场经济的一般规律,健全社会主义市场经济体制必须遵循这条规律,着力解决市场体系不完善、政府干预过多和监管不到位的问题。

具体到能源领域,2014年6月,习近平总书记在中共中央财经领导小组第六次会议要求推动能源体制革命,提出要坚定不移地推进改革,还原能源商品属性,构建有效竞争的市场结构和市场体系,形成主要由市场决定能源价格的机制,转变政府对能源的监管方式,建立健全能源法治体系。

(三) 电力供需新格局

经过多年大规模投资建设后,中国电力供需形成新格局,在告别电力短缺时代的同时,却走向了另外一个极端,面临着严重的产能过剩问题。截至2015年年底,中国电厂发电设备容量超过15亿千瓦,但全国6000千瓦及以上电厂发电设备累计平均利用小时仅为3969小时,同比减少349小时,其中火电设备平均利用小时为4 329小时,同比减少410小时。有些地区(如云南)的火电设备全年利用小时数仅1000多小时。大量设备闲置造成资源的极大浪费,同时制约了生产成本和产品价格的下降空间,导致较高的经济社会发展成本,影响国家竞争力。

此外,中国电力发展还面临另外一个严峻挑战。面对日益加大的国内大气污染防治和国际社会应对全球气候变化的双重压力,能源转型是经济社会可持续发展的必然要求。而在能源转型过程中,电力行业是重中之重,因为多数的清洁低碳能源都通过转换为电能的方式为终端用户提供能源服务。在发电装机容量过剩的背景下,发展清洁低碳电力将会具有特殊的复杂性,因为清洁低碳电力的增加必然会压缩传统煤电的消纳空间。那么,通过什么样的体制机制来决定清洁低碳电力的进入和传统煤电的退出,决定资源配置以实现清洁低碳、高效安全的现代电力供应体系的构建?这是新一轮电力体制改革所必须回答的一个核心问题。

二、"9号文"的改革思路

"9号文"确定的深化电力体制改革的重点和路径是:在进一步完善政企分开、厂网分开、主辅分开的基础上,按照管住中间、放开两头的体制架构,有序放开输配以外的竞争性环节电价,有序向社会资本开放配售电业务,有序放开公益性和调节性以外的发用电计划;推进交易机构相对独立,规范运行;继续深化对区域电网建设和适合我国国情的输配体制研究;进一步强化政府监管,进一步强化电力统筹规划,进一步强化电力安全高效运行和可靠供应。

如果说20世纪90年代的管理体制改革中"政企分开"解决的是市场构造中的市场主体性质问题,如果说"5号文"改革框架下"厂网分开、主辅分开"解决的是市场构造中的市场结构问题,那么,"9号文"要解决的问题应该是市场构造中的市场交易规则的设计问题以及规制问题。在上述的"9号文"确定的"深化电力体制改革的重点和路径"中,有序放开输配以外的竞争性环节电价、有序放开公益性和调节性以外的发用电计划、推进交易机构相对独立等内容涉及市场设计;管住中间、进一步强化政府监管、进一步强化电力统筹规划等内容涉及规制;而有序向社会资本开放配售电业务、继续深化对区域电网建设和适合我国国情的输配体制研究等内容则涉及对市场结构的进一步重组。

(一) 产业重组

在产业重组方面,厂网分开已经使得在发电领域形成多元竞争的格局,而"9号文"所要解决的问题应该是输电、配电和售电等其他环节的横向与纵向关系。从"9号文"及其配套文件的内容看,新一轮电力改革总体上放弃了"5号文"确定的"输配分开"的重组框架,而是在维持输配电一体化的现状下,从售电侧入手推进改革。一方面,多途径培育售电主体,"允许符合条件的高新产业园区或经济技术开发区,组建售电主体直接购电;鼓励社会资本投资成立售电主体,允许其从发电企业购买电量向用户销售;允许拥有分布式电源的用户或微网系统参与电力交易;鼓励供水、供气、供热等公共服务行业和节能服务公司从事售电业务;允许符合条件的发电企业投资和组建售电主体进入售电市场,从事售电业务"。另一方面,鼓励社会资本投资配电业务,逐步向符合条件的市场主体放开增量配电投资业务,鼓励以混合所有制方式发展配电业务。这就意味着在增量上而不是存量上开展输配分离。

(二) 市场设计

市场设计应该是新一轮电力体制改革的重点,上一轮电力改革之所以停步不前,是因为没有在发电量领域已经形成多元竞争格局的基础上设计好市场交易规则,建立市场体系。按照"9号文"的内容,本轮电力体制改革在市场交易模式上放弃了"5号文"确定的"竞价上网"模式,而是采用发电企业与售电主体或者用户双边交易模式。按照接入电压等级、能耗水平、排放水平、产业政策以及区域差别化政策等确定并公布可参与直接交易的发电企业、售电主体和用户准入标准。有序探索对符合标准的发电企业、售电主体和用户赋予自主选择权,确定交易对象、电量和价格,按照国家规定的输配电价向电网企业支付相应的过网费,直接洽谈合同,实现多方直接交易,短期和即时交易通过调度和交易机构实现。构建体现市场主体意愿、长期稳定的双边市场模式,任何部门和单位不得干预市场主体的合法交易行为。直接交易双方通过自主协商决定交易事项,依法依规签订电网企业参与的三方合同。鼓励用户与发电企业之间签订长期稳定的合同,建立并完善实现合同调整及偏差电量处理的交易平衡机制。

(三) 规制

"5号文"试图通过独立的规制机构——国家电力监管委员会构建现代电力规制体系,但实践上并不成功。究其原因,现代规制主要在两个方面发挥作用,一是对垄断企业的规制,二是对市场交易秩序的规制。而在中国,一方面,在电力体制改革框架的设计中,没有把具有垄断性质的国家电网的规制权限赋予规制机构,而是继续保留在国家发展改革委及其管理的国家能源局;另一方面,电力市场始终没有建立起来,规制机构缺乏规制对象。

在新一轮电力改革启动之前,2013年国务院机构改革中已经把国家电力监管委员会并入国家能源局,组建新的国家能源局,归属国家发展改革委管理,从"政监分离"走向"政监合一",规制的权限统一到国家发展改革委和国家能源局的不同司局。"9号文"及其配套文件对规制内容和规制实施主体进行了相应的制度安排。

(1) 输配电价规制。政府主要核定输配电价,并向社会公布,接受社会监督。输配电价逐步过渡到按"准许成本加合理收益"的原则,分电压等级核定。用户或售电主体按照其接入的电网电压等级所对应的输配电价支付费用。

(2) 电网投资建设规制。切实加强电力行业特别是电网的统筹规划。政府有关部门履行电力规划职责,优化电源与电网布局,加强电网规划与电源灯规划之间、全国电力规划与地方性电力规划之间的有效衔接。

(3) 电网公平开放规制。改变电网企业集电力输送、电力统购统销、调度交易为一体的状况,电网企业主要从事电网投资运行、电力传输配送,负责电网系统安全,保障电网公平无歧视开放。电网企业应无歧视地向售电主体及其用户提供报装、计量、抄表、维修等各类供电服务。

(4) 市场准入规制。准入标准确定后,省级政府按年公布当地符合标准的发电企业和售电主体目录,对用户目录实施动态监管,进入目录的发电企业、售电主体和用户可自愿到交易机构注册成为市场主体。

三、未竟的电力改革

从市场构造和规制的视角看,"9号文"试图在政企分开、厂网分开、主辅分开的市场构造基础上,深化中国电力体制改革,改革的重点是市场设计和规制。在市场设计上,放弃了"5号文"确定的竞价上网,而选择发电企业与售电主体或者用户的双边交易模式,并由此进行了相应的市场交易规则设计和规制体系设计。而对于市场结构,"9号文"也没有采用"5号文"所确定的输配分开的改革举措,而是在输配一体的前提下,培育多元售电主体,同时通过逐步开放配电业务的形式在增量上进行输配分开。根据本书对网络型产业市场构造与规制的理论分析,以及国际上电力体制改革的实践经验,"9号文"所确定的改革方向和路径无疑是正确的。当然,在具体实施和操作层面上也还有需要进一步明确的内容。

(一)需要明确电力市场的边界

新一轮电力体制改革主要采取试点先行的方式,而试点改革的市场范围主要以省(区、市)为主,试点方案也主要由省级人民政府提出,报国家发展改革委、国家能源局论证、批准,这就意味着电力市场以省为主体。实际上,电力市场范围边界应该根据电力供给和需求两个方面的基本条件等经济性因素来确定,电力市场的范围也通常会超越以行政划分的省(区、市)。在美国电力改革中,正是由于在更大的范围内构建电力市场的需求,美国联邦能源监管委员会要求原各民营电力公司所有电网独立出来,组成区域输电组织(RTO)。由此可见,电力体制市场化改革应该明确电力市场的边界,在统一的电力市场中而不是以省为主体开展试点改革。

(二)需要进一步理顺电网企业、交易机构和调度机构的关系

按照当前改革方案电网企业和调度机构一体化的要求,交易机构主要依托电网企业,但相对独立。如果电网企业不参与电力市场竞争,即不参与购电和售电业务,则电网企业、交易机构和调度机构既可以一体化,也可以相互分离。但是,如果电网企业仍然参与购售电业务,则交易机构和调度机构应该首先独立于电网企业。

而交易机构与调度机构既可以一体化,也可以相互分离。换言之,电网企业参与电力市场竞争和电网企业与调度机构一体化,二者只能选择其一,而不宜兼顾。因此,需要进一步理顺电网企业、交易机构和调度机制之间的相互关系,至少应该在不同的电力市场中试点不同的关系安排。

(三) 需要进一步明确市场交易规则

市场交易规则应统筹考虑、着重解决电力交易长期合约与短期合约的关系、不平衡量问题、辅助服务问题等。特别是要处理好交易机构、调度机构与发电企业、售电企业、用户之间的相互关系。这是电力体制改革的难点和风险所在。加州电力改革引发的电力危机在很大程度上是由于交易规则设计不合理。

(四) 需要建立现代监管体系

在现行管理体制和机构设置条件下,电力监管职能分散在发展改革委、能源局、商务部等不同部门,监管职能割裂,协调成本高,往往是管价格的管不了成本,管成本的管不了投资和服务质量,管市场的又管不了价格,从而容易造成监管不到位或存在监管漏洞。综观成熟市场经济国家的现代能源监管体系,不管监管机构是否独立于行政体系单设,能源监管职能是系统性的、完整的。市场准入、价格、投资、成本、服务质量和市场交易规则等方面的监管职能都由一家监管机构统一负责,不可分割。进一步深化电力体制改革要求突破传统的价格主管部门、投资主管部门、运行主管部门的管理体制模式,建立统一高效的现代能源监管体系。

附件一

电力体制改革方案

国发〔2002〕5号

一、加快电力体制改革的必要性

（一）改革开放以来，我国电力工业发展迅速，电力建设取得了巨大成就。发电装机容量和年发电量均已跃居世界第二位，大部分地区形成了跨省的区域性高电压等级的主网架，缺电状况得到明显改善，电力工业有力地支持了国民经济的快速发展。

（二）在电力市场供求状况发生明显变化之后，现行的电力体制暴露出一些不适应社会主义市场经济体制要求的弊端。垄断经营的体制性缺陷日益明显，省际之间市场壁垒阻碍了跨省电力市场的形成和电力资源的优化配置，现行管理方式不适应发展要求。为了促进电力工业发展，提高国民经济整体竞争能力，必须加快深化电力体制改革的进程。

（三）经过几十年发展，我国电力工业形成了强大的生产能力，许多国家进行电力体制改革的经验和教训为我们提供借鉴，国内先期实行的多家办电以及改革试点工作为进一步深化改革积累了经验。党中央、国务院十分重视电力体制改革，社会各界要求加快改革进程。这些都为电力体制改革创造了良好的条件。

二、电力体制改革的指导思想和目标

（四）电力体制改革的指导思想是：按照党的十五大和十五届五中全会精神，

总结和借鉴国内外电力体制改革的经验和教训,从国情出发,遵循电力工业发展规律,充分发挥市场配置资源的基础性作用,加快完善现代企业制度,促进电力企业转变内部经营机制,建立与社会主义市场经济体制相适应的电力体制。改革要有利于促进电力工业的发展,有利于提高供电的安全可靠性,有利于改善对环境的影响,满足全社会不断增长的电力需求。要按照总体设计、分步实施、积极稳妥、配套推进的原则,加强领导,精心组织,有步骤、分阶段完成改革任务。

（五）改革的总体目标是:打破垄断,引入竞争,提高效率,降低成本,健全电价机制,优化资源配置,促进电力发展,推进全国联网,构建政府监管下的政企分开、公平竞争、开放有序、健康发展的电力市场体系。

（六）"十五"期间电力体制改革的主要任务是:实施厂网分开,重组发电和电网企业;实行竞价上网,建立电力市场运行规则和政府监管体系,初步建立竞争、开放的区域电力市场,实行新的电价机制;制定发电排放的环保折价标准,形成激励清洁电源发展的新机制;开展发电企业向大用户直接供电的试点工作,改变电网企业独家购买电力的格局;继续推进农村电力管理体制的改革。

三、厂网分开重组国有电力资产

（七）实行厂网分开。将国家电力公司管理的资产按照发电和电网两类业务划分,并分别进行资产、财务和人员的重组。

属地方政府和其他部门管理的电力企业,也要实行厂网分开。以小水电自发自供为主的供电区,要加强电网建设,适时实行厂网分开。

（八）重组国家电力公司管理的发电资产,按照建立现代企业制度要求组建若干个独立的发电企业。华能公司可直接改组为独立发电企业,其余发电资产(含股份公司或有限责任公司中相应的股份资产)通过重组形成三至四个各拥有4000万千瓦左右装机容量的全国性发电企业,由国务院授权经营,分别在国家计划中实行单列。发电资产重组要综合考虑电厂的资产质量和所在地域条件等,进行合理组合。每个发电企业在各电力市场中的份额原则上不超过20%。

（九）重组电网资产,设立国家电网公司。由国务院授权国家电网公司,作为原国家电力公司管理的电网资产出资人代表。国家电网公司按国有独资形式设置,在国家计划中实行单列。

设立华北(含山东)、东北(含内蒙古东部)、西北、华东(含福建)、华中(含重庆、四川)电网公司。这些区域电网公司的经营范围内,原国家电力公司资产比重较大,其组建工作由国家电网公司负责,各地方以所拥有的电网净资产比例为基础参股,组建区域电网有限责任公司或股份有限公司。西藏电力企业由国家电网公司代管。

设立南方电网公司。其经营范围为云南、贵州、广西、广东和海南。在南方电网公司经营范围内,原地方电网资产比重较大,其组建工作由控股方负责,按各方现有电网净资产比例成立董事会,组建有限责任公司或股份有限公司并负责经营管理,在国家计划中实行单列。

区域电网公司按现代企业制度设置,做到产权明晰、权责明确、政企分开、管理科学,享有法人财产权,承担资产保值增值责任。区域电网公司根据电力市场发展的具体情况以及合理的企业法人治理结构,将区域内的现省级电力公司改组为分公司或子公司,负责经营当地相应的输配电业务。区域电网公司可以拥有抽水蓄能电厂或少数应急、调峰电厂。个别暂未纳入重组后发电企业的电厂,可由区域电网公司代管。

(十)国家电网公司的主要职责是:负责各区域电网之间的电力交易和调度,处理区域电网公司日常生产中需网间协调的问题;参与投资、建设和经营相关的跨区域输变电和联网工程,近期负责三峡输变电网络工程的建设管理;受国家有关部门委托,协助制定全国电网发展规划。

(十一)区域电网公司的主要职责是:经营管理电网,保证供电安全,规划区域电网发展,培育区域电力市场,管理电力调度交易中心,按市场规则进行电力调度。

(十二)"十五"期间,电网企业可暂不进行输配分开的重组,但要逐步对配电业务实行内部财务独立核算。目前在一县范围内营业区交叉的多家供电企业,应以各方现有配电网资产的比例为基础,组建县供电有限责任公司或股份有限公司。国家电力公司以外供电企业的资产关系可维持现状。

(十三)对现国家电力公司系统所拥有的辅助性业务单位和"三产"、多种经营企业进行调整重组。电网企业可以拥有必要的电力科研机构。经营主业以外的业务要按照规定程序报经国家有关部门批准,并与电网业务分开核算。有关电力设计、修造、施工等辅助性业务单位,要与电网企业脱钩,进行公司化改造,进入市场。医疗和教育单位按国家规定实行属地化管理。"三产"和多种经营企业参加发电企业的重组,也可以交由地方政府管理。

(十四)重组后各类电力企业要注重转变经营机制,优化组织结构,精简管理层次,深化企业内部劳动、人事和分配三项制度改革,建立健全企业内部的激励和约束机制。

(十五)在厂网分开的重组完成以后,允许发电和电网企业通过资本市场上市融资,进一步实施股份制改造。电力企业出售国有资产的变现收入,按中央与地方在企业中的资产比例和收支两条线的原则,分别列入中央和地方财政专户管理,原则上优先用于电力建设、完善电力环保及监控设施和处理电力体制改革中的"搁浅成本"等方面。

(十六)电力体制改革涉及到中央政府与地方政府在电力企业财政利益格局方面的变化与调整问题,由财政部研究制定解决办法。

四、竞价上网实行电价新机制

(十七)建立电力调度交易中心,实行发电竞价上网。在区域电网公司经营范围内,根据各地电网结构、负荷分布特点及地区电价水平的具体情况,设置一个或数个电力调度交易中心,由区域电网公司负责管理。电力调度交易中心之间实行市场开放。

(十八)逐步终止过去各级电网企业与发电厂签订的购电合同。对于外商直接投资电厂,其项目符合国家审批程序的,可采用重新协商等办法处理已签订的购电合同,也可继续执行原有购电合同。

(十九)各发电企业要尽量在内部消化新、老电厂因历史原因形成的电价水平差别或通过资本市场的兼并收购,形成各类电厂新的市场价值,实现上网电价的平等竞争。也可采用在规定期限内过渡性的竞价方式。具体竞价办法可根据各电力调度交易中心的不同情况制定。

(二十)各地区实施竞价上网的进度要因地制宜,根据电网结构、管理水平和技术支持系统完善的条件决定。具备条件的地区应尽早建立电力调度交易中心，实行竞价上网。

（二十一）建立合理的电价形成机制。将电价划分为上网电价、输电电价、配电电价和终端销售电价。上网电价由国家制定的容量电价和市场竞价产生的电量电价组成；输、配电价由政府确定定价原则；销售电价以上述电价为基础形成，建立与上网电价联动的机制。政府按效率原则、激励机制和吸引投资的要求，并考虑社会承受能力，对各个环节的价格进行调控和监管。

（二十二）在具备条件的地区，开展发电企业向较高电压等级或较大用电量的用户和配电网直接供电的试点工作。直供电量的价格由发电企业与用户协商确定，并执行国家规定的输配电价。

五、设立国家电力监管委员会

（二十三）国务院下设国家电力监管委员会（正部级）。该机构为国务院直属事业单位，按国家授权履行电力监管职责。电力监管委员会按垂直管理体系设置，向区域电网公司电力调度交易中心派驻代表机构。

（二十四）国家电力监管委员会的主要职责是：制定电力市场运行规则，监管市场运行，维护公平竞争；根据市场情况，向政府价格主管部门提出调整电价建议；监督检查电力企业生产质量标准，颁发和管理电力业务许可证；处理电力市场纠纷；负责监督社会普遍服务政策的实施。

六、分步推进电力体制改革

（二十五）尽快成立国家电力监管委员会。用一年时间组建国家电网公司、区域电网公司及各发电企业。各区域电网公司要抓紧完善竞价上网技术支持系统和环保实时监控设施，到"十五"末，各地区主要的发电企业均应参加统一竞价，在全国大部分地区实行新的电价机制。

（二十六）完成上述改革以后，在做好试点工作的基础上，逐步实行输配分开，在售电环节引入竞争机制。

（二十七）随着"西电东送"和全国联网的推进，及时总结电力体制改革经验，进一步深化区域电网企业的体制改革。

七、完善电力体制改革的配套措施

（二十八）适时制定和修改有关电力和电价方面的法律、法规和其他相关的行政法规。尽快制定电力市场运营规则、电力市场监管办法以及发电排放环保折价标准，与竞价上网同时实施。

（二十九）转变政府职能。充分发挥市场配置资源的基础性作用，改善政府宏观调控，改革电力项目审批办法，加强电力市场监管，在国家中长期规划指导下，做好电力建设项目的前期储备工作。

（三十）进一步充实和完善中国电力企业联合会的自律、协调、监督、服务功能，充分发挥其在政府、社会、电力企业之间的桥梁、纽带作用。经政府授权，履行电力行业信息、资料的统计和分析等职责。

八、加强电力体制改革的组织领导

（三十一）在国务院领导下，成立由国家计委牵头，国家经贸委、国家电力公司、中组部、中央企业工委、中编办、财政部、法制办、体改办，以及广东省和拟成立的国家电力监管委员会等相关部门和单位组成的电力体制改革工作小组，具体负责电力体制改革实施工作。按照积极稳妥的原则精心组织，区别各地区和各电力企业的不同情况，重点安排好过渡期的实施步骤和具体措施，在总体设计下分步推进改革。有关政府部门要加强对改革的指导，各级地方政府要积极配合。

（三十二）电力企业在改革过程中要进一步加强领导，做好政治思想和宣传工作，加强组织纪律性，保持干部、职工队伍思想稳定。对于国有资产的处理，必须严格执行国家规定，防止流失。各电力企业要明确责任，坚守岗位，服从调度，保证电网安全运行。

附件二

中共中央国务院
关于进一步深化电力体制改革的若干意见

中发〔2015〕9号

为贯彻落实党的十八大和十八届三中、四中全会精神及中央财经领导小组第六次会议、国家能源委员会第一次会议精神,进一步深化电力体制改革,解决制约电力行业科学发展的突出矛盾和深层次问题,促进电力行业又好又快发展,推动结构转型和产业升级,现提出以下意见。

一、电力体制改革的重要性和紧迫性

自2002年电力体制改革实施以来,在党中央、国务院领导下,电力行业破除了独家办电的体制束缚,从根本上改变了指令性计划体制和政企不分、厂网不分等问题,初步形成了电力市场主体多元化竞争格局。

一是促进了电力行业快速发展。2014年全国发电装机容量达到13.6亿千瓦,发电量达到5.5万亿千瓦时,电网220千伏及以上线路回路长度达到57.2万千米,220千伏及以上变电容量达到30.3亿千伏安,电网规模和发电能力位列世界第一。

二是提高了电力普遍服务水平,通过农网改造和农电管理体制改革等工作,农村电力供应能力和管理水平明显提升,农村供电可靠性显著增强,基本实现城乡用电同网同价,无电人口用电问题基本得到了解决。三是初步形成了多元化市场体系。在发电方面,组建了多层面、多种所有制、多区域的发电企业;在电网方面,除国家电网和南方电网,组建了内蒙古电网等地方电网企业;在辅业方面,组建了中国电建、中国能建两家设计施工一体化的企业。四是电价形成机制逐步完善。在发电环节实现了发电上网标杆价,在输配环节逐步核定了大部分省的输配电价,在销售环节相继出台差别电价和惩罚性电价、居民阶梯电价等政策。五是积极探索了电力市场化交易和监管。相继开展了竞价上网、大用户与发电企业直接交易、发电权交易、跨省区电能交易等方面的试点和探索,电力市场化交易取得重要进展,电力监管积累了重要经验。

同时,电力行业发展还面临一些亟需通过改革解决的问题,主要有:

一是交易机制缺失,资源利用效率不高。售电侧有效竞争机制尚未建立,发电企业和用户之间市场交易有限,市场配置资源的决定性作用难以发挥。节能高效环保机组不能充分利用,弃水、弃风、弃光现象时有发生,个别地区窝电和缺电并存。

二是价格关系没有理顺,市场化定价机制尚未完全形成。现行电价管理仍以政府定价为主,电价调整往往滞后成本变化,难以及时并合理反映用电成本、市场供求状况、资源稀缺程度和环境保护支出。

三是政府职能转变不到位,各类规划协调机制不完善。各类专项发展规划之间、电力规划的实际执行与规划偏差过大。

四是发展机制不健全,新能源和可再生能源开发利用面临困难。光伏发电等新能源产业设备制造产能和建设、运营、消费需求不匹配,没有形成研发、生产、利用相互促进的良性循环,可再生能源和可再生能源发电无歧视、无障碍上网问题未得到有效解决。

五是立法修法工作相对滞后,制约电力市场化和健康发展。现有的一些电力法律法规已经不能适应发展的现实需要,有的配套改革政策迟迟不能出台,亟待修订有关法律、法规、政策、标准,为电力行业发展提供依据。

深化电力体制改革是一项紧迫的任务,事关我国能源安全和经济社会发展全局。党的十八届三中全会提出,国有资本继续控股经营的垄断行业,实行以政企分开、政资分开、特许经营、政府监管为主要内容的改革。《中央全面深化改革领导小组2014年工作要点》、《国务院转批发展改革委关于2014年深化经济体制改革重点任务意见的通知》对深化电力体制改革提出了新使命、新要求。社会各界对加快电力体制改革的呼声也越来越高,推进改革的社会诉求和共识都在增加,具备了宽松的外部环境和扎实的工作基础。

二、深化电力体制改革的总体思路和基本原则

(一)总体思路

深化电力体制改革的指导思想和总体目标是:坚持社会主义市场经济改革方向,从我国国情出发,坚持清洁、高效、安全、可持续发展,全面实施国家能源战略,加快构建有效竞争的市场结构和市场体系,形成主要由市场决定能源价格的机制,转变政府对能源的监管方式,建立健全能源法制体系,为建立现代能源体系、保障国家能源安全营造良好的制度环境,充分考虑各方面诉求和电力工业发展规律,兼顾改到位和保稳定。通过改革,建立健全电力行业"有法可依、政企分开、主体规范、交易公平、价格合理、监管有效"的市场体制,努力降低电力成本、理顺价格形成机制,逐步打破垄断、有序放开竞争性业务,实现供应多元化,调整产业结构,提升技术水平、控制能源消费总量,提高能源利用效率、提高安全可靠性,促进公平竞争、促进节能环保。

深化电力体制改革的重点和路径是:在进一步完善政企分开、厂网分开、主辅分开的基础上,按照管住中间、放开两头的体制架构,有序放开输配以外的竞争性环节电价,有序向社会资本开放配售电业务,有序放开公益性和调节性以外的发用电计划;推进交易机构相对独立,规范运行;继续深化对区域电网建设和适合我国国情的输配体制研究;进一步强化政府监管,进一步强化电力统筹规划,进一步强化电力安全高效运行和可靠供应。

(二)基本原则

坚持安全可靠。体制机制设计要遵循电力商品的实时性、无形性、供求波动性和同质化等技术经济规律,保障电能的生产、输送和使用动态平衡,保障电力系统安全稳定运行和电力可靠供应,提高电力安全可靠水平。

坚持市场化改革。区分竞争性和垄断性环节,在发电侧和售电侧开展有效竞

争,培育独立的市场主体,着力构建主体多元、竞争有序的电力交易格局,形成适应市场要求的电价机制,激发企业内在活力,使市场在资源配置中起决定性作用。

坚持保障民生。 结合我国国情和电力行业发展现状,充分考虑企业和社会承受能力,保障基本公共服务的供给。妥善处理交叉补贴问题,完善阶梯价格机制,确保居民、农业、重要公用事业和公益性服务等用电价格相对平稳,切实保障民生。

坚持节能减排。 从实施国家安全战略全局出发,积极开展电力需求侧管理和能效管理,完善有序用电和节约用电制度,促进经济结构调整、节能减排和产业升级。强化能源领域科技创新,推动电力行业发展方式转变和能源结构优化,提高发展质量和效率,提高可再生能源发电和分布式能源系统发电在电力供应中的比例。

坚持科学监管。 更好发挥政府作用,政府管理重点放在加强发展战略、规划、政策、标准等的制定实施,加强市场监管。完善电力监管机构、措施和手段,改进政府监管方法,提高对技术、安全、交易、运行等的科学监管水平。

三、近期推进电力体制改革的重点任务

(一)有序推进电价改革,理顺电价形成机制

1. 单独核定输配电价。政府定价的范围主要限定在重要公用事业、公益性服务和网络自然垄断环节。政府主要核定输配电价,并向社会公布,接受社会监督。输配电价逐步过渡到按"准许成本加合理收益"原则,分电压等级核定。用户或售电主体按照其接入的电网电压等级所对应的输配电价支付费用。

2. 分步实现公益性以外的发售电价格由市场形成。放开竞争性环节电力价格,把输配电价与发售电价在形成机制上分开。合理确定生物质发电补贴标准。参与电力市场交易的发电企业上网电价由用户或售电主体与发电企业通过协商、市场竞价等方式自主确定。参与电力市场交易的用户购电价格由市场交易价格、输配电价(含线损)、政府性基金三部分组成。其他没有参与直接交易和竞价交易的上网电量,以及居民、农业、重要公用事业和公益性服务用电,继续执行政府定价。

3. 妥善处理电价交叉补贴。结合电价改革进程,配套改革不同种类电价之间的交叉补贴。过渡期间,由电网企业申报现有各类用户电价间交叉补贴数额,通过

输配电价回收。

(二)推进电力交易体制改革,完善市场化交易机制

4. 规范市场主体准入标准。按照接入电压等级、能耗水平、排放水平、产业政策以及区域差别化政策等确定并公布可参与直接交易的发电企业、售电主体和用户准入标准。按电压等级分期分批放开用户参与直接交易,参与直接交易企业的单位能耗、环保排放均应达到国家标准,不符合国家产业政策以及产品和工艺属于淘汰类的企业不得参与直接交易。进一步完善和创新制度,支持环保高效特别是超低排放机组通过直接交易和科学调度多发电。准入标准确定后,升级政府按年公布当地符合标准的发电企业和售电主体目录,对用户目录实施动态监管,进入目录的发电企业、售电主体和用户可自愿到交易机构注册成为市场主体。

5. 引导市场主体开展多方直接交易。有序探索对符合标准的发电企业、售电主体和用户赋予自主选择权,确定交易对象、电量和价格,按照国家规定的输配电价向电网企业支付相应的过网费,直接洽谈合同,实现多方直接交易,短期和即时交易通过调度和交易机构实现,为工商业企业等各类用户提供更加经济、优质的电力保障。

6. 鼓励建立长期稳定的交易机制。构建体现市场主体意愿、长期稳定的双边市场模式,任何部门和单位不得干预市场主体的合法交易行为。直接交易双方通过自主协商决定交易事项,依法依规签订电网企业参与的三方合同。鼓励用户与发电企业之间签订长期稳定的合同,建立并完善实现合同调整及偏差电量处理的交易平衡机制。

7. 建立辅助服务分担共享新机制。适应电网调峰、调频、调压和用户可中断负荷等辅助服务新要求,完善并网发电企业辅助服务考核新机制和补偿机制。根据电网可靠性和服务质量,按照谁受益、谁承担的原则,建立用户参与的服务服务分担共享机制。用户可以结合自身负荷特性,自愿选择与发电企业或电网企业签订保供电协议、可中断负荷协议等合同,约定各自的服务服务权利与义务,承担必要的辅助服务费用,或按照贡献获得相应的经济补偿。

8. 完善跨省跨区电力交易机制。按照国家能源战略和经济、节能、环保、安全的原则,采取中长期交易为主、临时交易为补充的交易模式,推进跨省跨区电力市

场化交易,促进电力资源在更大范围优化配置。鼓励具备条件的区域在政府指导下建立规范的跨省跨区电力市场交易机制,促使电力富余地区更好地向缺电地区输送电力,充分发挥市场配置资源、调剂余缺的作用。积极开展跨省跨区辅助服务交易。待时机成熟时,探索开展电力期货和电力场外衍生品交易,为发电企业、售电主体和用户提供远期价格基准和风险管理手段。

(三)建立相对独立的电力交易机构,形成公平规范的市场交易平台

9. 遵循市场经济规律和电力技术特性定位电网企业功能。改变电网企业集电力输送、电力统购统销、调度交易为一体的状况,电网企业主要从事电网投资运行、电力传输配送,负责电网系统安全,保障电网公平无歧视开放,按国家规定履行电力普遍服务义务。继续完善主辅分离。

10. 改革和规范电网企业运营模式。电网企业不再以上网电价和销售电价价差作为收入来源,按照政府核定的输配电价收取过网费。确保电网企业稳定的收入来源和收益水平。规范电网企业投资和资产管理行为。

11. 组建和规范运行电力交易机构。将原来由电网企业承担的交易业务与其他业务分开,实现交易机构相对独立运行。电力交易机构按照政府批准的章程和规则为电力市场交易提供服务。相关政府部门依据职责对电力交易机构实施有效监管。

12. 完善电力交易机构的市场功能。电力交易机构主要负责市场交易平台的建设、运营和管理,负责市场交易组织,提供结算依据和服务,汇总用户与发电企业自主签订的双边合同,负责市场主体的注册和相应管理,披露和发布市场信息等。

(四)推进发用电计划改革,更多发挥市场机制的作用

13. 有序缩减发用电计划。根据市场发育程度,直接交易的电量和容量不再纳入发用电计划。鼓励新增工业用户和新核准的发电机组积极参与电力市场交易,其电量尽快实现以市场交易为主。

14. 完善政府公益性调节性服务功能。政府保留必要的公益性调节性发用电计划,以确保居民、农业、重要公用事业和公益性服务等用电,确保维护电网调峰调频和安全运行,确保可再生能源发电依照规划保障性收购。积极开展电力需求侧管理和能效管理,通过运用现代信息技术、培育电能服务、实施需求响应等,促进供

需平衡和节能减排。加强老少边穷地区电力供应保障,确保无电人口用电全覆盖。

15. 进一步提升以需求侧管理为主的供需平衡保障水平。政府有关部门要按照市场化的方向,从需求侧和供应侧两方面入手,搞好电力电量整体平衡。提高电力供应的安全可靠水平。常态化、精细化开展有序用电工作,有效保障供需紧张下居民等重点用电需求不受影响。加强电力应急能力建设,提升应急响应水平,确保紧急状态下社会秩序稳定。

(五)稳步推进售电侧改革,有序向社会资本放开售电业务

16. 鼓励社会资本投资配电业务。按照有利于促进配电网建设发展和提高配电运营效率的要求,探索社会资本投资配电业务的有效途径。逐步向符合条件的市场主体放开增量配电投资业务,鼓励以混合所有制方式发展配电业务。

17. 建立市场主体准入和退出机制。根据开放售电侧市场的要求和各地实际情况,科学界定符合技术、安全、环保、节能和社会责任要求的售电主体条件。明确售电主体的市场准入、退出规则,加强监管,切实保障各相关方的合法权益。电网企业应无歧视地向售电主体及其用户提供报装、计量、抄表、维修等各类供电服务,按约定履行保底供应商义务,确保无议价能力用户也有电可用。

18. 多途径培育市场主体。允许符合条件的高新产业园区或经济技术开发区,组建售电主体直接购电;鼓励社会资本投资成立售电主体,允许其从发电企业购买电量向用户销售;允许拥有分布式电源的用户或微网系统参与电力交易;鼓励供水、供气、供热等公共服务行业和节能服务公司从事售电业务;允许符合条件的发电企业投资和组建售电主体进入售电市场,从事售电业务。

19. 赋予市场主体相应的权责。售电主体可以采取多种方式通过电力市场购电,包括向发电企业购电、通过集中竞价购电、向其他售电商购电等。售电主体、用户、其他相关方依法签订合同,明确相应的权利义务,约定交易、服务、收费、结算等事项。鼓励售电主体创新服务,向用户提供包括合同能源管理、综合节能和用能咨询等增值服务。各种电力生产方式都要严格按照国家有关规定承担电力基金、政策性交叉补贴、普遍服务、社会责任等义务。

(六)开放电网公平接入,建立分布式电源发展新机制

20. 积极发展分布式电源。分布式电源主要采用"自发自用、余量上网、电网

调节"的运营模式,在确保安全的前提下,积极发展融合先进储能技术、信息技术的微电网和智能电网技术,提高系统消纳能力和能源利用效率。

21. 完善并网运行服务。加快修订和完善接入电网的技术标准、工程规范和相关管理办法,支持新能源、可再生能源、节能降耗和资源综合利用机组上网,积极推进新能源和可再生能源发电与其他电影、电网的有效衔接,依照规划认真落实可再生能源发电保障性收购制度,解决好无歧视、无障碍上网问题。加快制定完善新能源和可再生能源研发、制造、组装、并网、维护、改造等环节的国家技术标准。

22. 加强和规范自备电厂监督管理。规范自备电厂准入标准,自备电厂的建设和运行应符合国家能源产业政策和电力规划布局要求,严格执行国家节能和环保排放标准,公平承担社会责任,履行相应的调峰义务。拥有自备电厂的企业应按规定承担与自备电厂产业政策相符合的政府性基金、政策性交叉补贴和系统备用费。完善和规范余热、余压、余气、瓦斯抽排等资源综合利用类自备电厂支持政策。规范现有自备电厂成为合格市场主体,允许在公平承担发电企业社会责任的条件下参与电力市场交易。

23. 全面放开用户侧分布式电源市场。积极开展分布式电源项目的各类试点和示范。放开用户侧分布式电源建设,支持企业、机构、社区和家庭根据各自条件,因地制宜投资建设太阳能、风能、生物质能发电以及燃气"热电冷"联产等各类分布式电源,准许接入各电压等级的配电网络和终端用电系统。鼓励专业化能源服务公司与用户合作或以"合同能源管理"模式建设分布式电源。

(七)加强电力统筹规划和科学监管,提高电力安全可靠水平

24. 切实加强电力行业特别是电网的统筹规划。政府有关部门要认真履行电力规划职责,优化电源与电网布局,加强电力规划与电源灯规划之间、全国电力规划与地方性电力规划之间的有效衔接。提升规划的覆盖面、权威性和科学性,增强规划的透明度和公众参与度,各种电源建设和电网布局要严格规划有序组织实施。电力规划应充分考虑资源环境承载力,依法开展规划的环境影响评价。规划经法定程序审核后,要向社会公开。建立规划实施检查、监督、评估、考核工作机制,保障电力规划的有效执行。

25. 切实加强电力行业及相关领域科学监督。完善电力监管组织体系,创新监管措施和手段,有效开展电力交易、调度、供电服务和安全监管,加强电网公平接入、电网投资行为、成本及投资运行效率监管,切实保障新能源并网接入,促进节能减排,保障居民供电和电网安全可靠运行。加强和完善行业协会自律、协调、监督、服务的功能,充分发挥其在政府、用户和企业之间的桥梁纽带作用。

26. 减少和规范电力行业的行政审批。进一步转变政府职能、简政放权,取消、下放电力项目审批权限,有效落实规划,明确审核条件和标准,规范简化审批程序,完善市场规划,保障电力发展战略、政策和标准有效落实。

27. 建立健全市场主体信用体系。加强市场主体诚信建设,规范市场秩序。有关部门要建立企业法人及其负责人、从业人员信用纪录,将其纳入统一的信用信息平台,使各类企业的信用状况透明、可追溯、可核查。加大监管力度,对企业和个人的违法失信行为予以公开,违法失信行为严重且影响电力安全的,要实行严格的行业禁入措施。

28. 抓紧修订电力法律法规。根据改革总体要求和进程,抓紧完成电力法的修订及相关行政法规的研究起草工作,充分发挥立法对改革的引导、推动、规范、保障作用。加强电力依法行政。加大可再生能源法的实施力度。加快能源监管法规制定工作,适应依法监管、有效监管的要求,及时制定和修订其他相关法律、法规、规章。

四、加强电力体制改革工作的组织实施

电力体制改革工作关系经济发展、群众生活和社会稳定,要加强组织领导,按照整体设计、重点突破、分步实施、有序推进、试点先行的要求,调动各方面的积极性,确保改革规范有序、稳妥推进。

(一)加强组织协调。完善电力体制改革工作小组机制,制定切实可行的专项改革工作方案及相关配套措施,进一步明确职责分工,明确中央、地方、企业的责任,确保电力体制改革工作顺利推进。

(二)积极营造氛围。加强与新闻媒体的沟通协调,加大对电力体制改革的宣传报道,在全社会形成推进电力体制改革的浓厚氛围,加强改革工作的沟通协调,充分调动各方积极性,凝聚共识、形成工作合力。

(三)稳妥有序推进。电力体制改革是一项系统性工程,要在各方共识的基础上有序、有效、稳妥推进。逐步扩大输配电价改革试点范围。对售电侧改革、组建相对独立运行的电力交易机构等重大改革事项,可以先进行试点,在总结试点经验和修改完善相关法律法规的基础上再全面推开。

附件三

关于推进输配电价改革的实施意见

为贯彻落实《中共中央国务院关于进一步深化电力体制改革的若干意见》(中发〔2015〕9号)有关要求,理顺电价形成机制,现就推进输配电价改革提出以下意见。

一、总体目标

建立规则明晰、水平合理、监管有力、科学透明的独立输配电价体系,形成保障电网安全运行、满足电力市场需要的输配电价形成机制。还原电力商品属性,按照"准许成本加合理收益"原则,核定电网企业准许总收入和分电压等级输配电价,明确政府性基金和交叉补贴,并向社会公布,接受社会监督。健全对电网企业的约束和激励机制,促进电网企业改进管理,降低成本,提高效率。

二、基本原则

试点先行,积极稳妥。输配电资产庞大,关系复杂,历史遗留的问题很多,各地情况千差万别,要坚持试点先行、积极稳妥的原则,在条件相对较好、矛盾相对较小、地方政府支持的地区先行开展试点,认真总结试点经验,逐步扩大试点范围,确保改革平稳推进。

统一原则,因地制宜。输配电价改革要遵循中发〔2015〕9号文件要求,在国家统一指导下进行,按照"准许成本加合理收益"原则,核定电网企业准许总收入和各电压等级输配电价,改变对电网企业的监管方式。同时,考虑到各地区实际情况,允许在输配电价核定的相关参数、总收入监管方式等方面适当体现地区特点。

完善制度,健全机制。电价改革,要制度先行。需要制订和完善输配电成本监审、价格管理办法,建立健全对电网企业的激励和约束机制,制度和办法要明确、具体、可操作。

突出重点,着眼长远。输配电价改革的重点是改革和规范电网企业运营模式。电网企业按照政府核定的输配电价收取过网费,不再以上网电价和销售电价价差作为主要收入来源。在输配电价核定过程中,既要满足电网正常合理的投资需要,保证电网企业稳定的收入来源和收益水平,又要加强成本约束,对输配电成本进行严格监审,促进企业加强管理,降低成本,提高效率。在研究制定具体试点方案时,要着眼长远,为未来解决问题适当留有余地。

三、主要措施

(一)逐步扩大输配电价改革试点范围。在深圳市、内蒙古西部率先开展输配电价改革试点的基础上,将安徽、湖北、宁夏、云南、贵州省(区)列入先期输配电价改革试点范围,按"准许成本加合理收益"原则核定电网企业准许总收入和输配电价。凡开展电力体制改革综合试点的地区,直接列入输配电价改革试点范围。鼓励具备条件的其他地区开展试点,尽快覆盖到全国。

输配电价改革试点工作主要可分为调研摸底、制定试点方案、开展成本监审、核定电网准许收入和输配电价四个阶段。鼓励试点地区在遵循中发〔2015〕9号文件明确的基本原则基础上,根据本地实际情况和市场需求,积极探索,勇于创新,提出针对性强、可操作性强的试点方案。试点方案不搞一刀切,允许在输配电价核定的相关参数、价格调整周期、总收入监管方式等方面适当体现地区特点。

(二)认真开展输配电价测算工作。各地要按照国家发展改革委和国家能源局联合下发的《输配电定价成本监审办法》(发改价格〔2015〕1347号),扎实做好成本监审和成本调查工作。其中,国家发展改革委统一组织对各试点地区开展输配电定价成本监审。各试点地区要配合做好成本监审具体工作,严格核减不相关、不合理的投资和成本费用。非试点地区同步开展成本调查,全面调查摸清电网输配电资产、成本和企业效益情况。在此基础上,以有效资产为基础测算电网准许总收入和分电压等级输配电价。试点地区建立平衡账户,实施总收入监管与价格水平监管。非试点地区研究测算电网各电压等级输配电价,为全面推进电价改革做好前期准备工作。

(三)分类推进交叉补贴改革。结合电价改革进程,配套改革不同种类电价之间的交叉补贴,逐步减少工商业内部交叉补贴,妥善处理居民、农业用户交叉补贴。过渡期间,由电网企业申报现有各类用户电价间交叉补贴数额,经政府价格主管部门审核后通过输配电价回收;输配电价改革后,根据电网各电压等级的资产、费用、电量、线损率等情况核定分电压等级输配电价,测算并单列居民、农业等享受的交叉补贴以及工商业用户承担的交叉补贴。鼓励试点地区积极探索,采取多种措施保障交叉补贴资金来源。各地全部完成交叉补贴测算和核定工作后,统一研究提出妥善处理交叉补贴的政策措施。

(四)明确过渡时期电力直接交易的输配电价政策。已制定输配电价的地区,电力直接交易按照核定的输配电价执行;暂未单独核定输配电价的地区,可采取保持电网购销差价不变的方式,即发电企业上网电价调整多少,销售电价调整多少,差价不变。

四、组织实施

(一)建立输配电价改革协调工作机制。国家发展改革委会同财政部、国资委、能源局等有关部门和单位成立输配电价改革专项工作组。专项工作组要定期沟通情况,对改革涉及的重点难点问题充分讨论,提出措施建议。

(二)加强培训指导。国家发展改革委加强对各地输配电价改革的指导,统一组织成本监审,审核试点方案和输配电准许收入、水平,对试点效果及时总结,完善政策。同时,组织集中培训、调研交流,提高各地价格主管部门业务能力,为顺利推进改革奠定基础。

(三)正确引导舆论。根据党中央、国务院确定的改革方向,在中发〔2015〕9号文件框架内加强输配电价改革宣传和政策解释工作,灵活采取多种方式进行宣传,正确引导社会舆论,凝聚共识,稳定预期,在全社会形成推进改革的浓厚氛围。

(四)夯实工作基础。各地价格主管部门要加强与电力投资、运行及国家能源局派出机构等部门的合作,充分听取各方意见,集中力量做好改革试点工作。加强上下沟通,健全信息沟通机制,对在方案研究、成本监审、电价测算等过程中遇到的重要情况和问题,及时向国家发展改革委反映。电网企业要积极配合输配电价改革工作,客观真实提供输配电成本监审和价格核定所需的各种财务报表、资产清单等,主动适应输配电价改革要求,改进核算方式,接受政府有关部门监督。

附件四

关于推进电力市场建设的实施意见

为贯彻落实《中共中央国务院关于进一步深化电力体制改革的若干意见》(中发〔2015〕9号)有关要求,推动电力供应使用从传统方式向现代交易模式转变,现就推进电力市场建设提出以下意见。

一、总体要求和实施路径

(一)总体要求

遵循市场经济基本规律和电力工业运行客观规律,积极培育市场主体,坚持节能减排,建立公平、规范、高效的电力交易平台,引入市场竞争,打破市场壁垒,无歧视开放电网。具备条件的地区逐步建立以中长期交易为主、现货交易为补充的市场化电力电量平衡机制;逐步建立以中长期交易规避风险,以现货市场发现价格,交易品种齐全、功能完善的电力市场。在全国范围内逐步形成竞争充分、开放有序、健康发展的市场体系。

(二)实施路径

有序放开发用电计划、竞争性环节电价,不断扩大参与直接交易的市场主体范围和电量规模,逐步建立市场化的跨省跨区电力交易机制。选择具备条件地区开展试点,建成包括中长期和现货市场等较为完整的电力市场;总结经验、完善机制、丰富品种,视情况扩大试点范围;逐步建立符合国情的电力市场体系。

非试点地区按照《关于有序放开发用电计划的实施意见》开展市场化交易。试点地区可根据本地实际情况，另行制定有序放开发用电计划的路径。零售市场按照《关于推进售电侧改革的实施意见》开展市场化交易。

二、建设目标

（一）电力市场构成

主要由中长期市场和现货市场构成。中长期市场主要开展多年、年、季、月、周等日以上电能量交易和可中断负荷、调压等辅助服务交易。现货市场主要开展日前、日内、实时电能量交易和备用、调频等辅助服务交易。条件成熟时，探索开展容量市场、电力期货和衍生品等交易。

（二）市场模式分类

主要分为分散式和集中式两种模式。其中，分散式是主要以中长期实物合同为基础，发用双方在日前阶段自行确定日发用电曲线，偏差电量通过日前、实时平衡交易进行调节的电力市场模式；集中式是主要以中长期差价合同管理市场风险，配合现货交易采用全电量集中竞价的电力市场模式。

各地应根据地区电力资源、负荷特性、电网结构等因素，结合经济社会发展实际选择电力市场建设模式。为保障市场健康发展和有效融合，电力市场建设应在市场总体框架、交易基本规则等方面保持基本一致。

（三）电力市场体系

分为区域和省（区、市）电力市场，市场之间不分级别。区域电力市场包括在全国较大范围内和一定范围内资源优化配置的电力市场两类。其中，在全国较大范围内资源优化配置的功能主要通过北京电力交易中心（依托国家电网公司组建）、广州电力交易中心（依托南方电网公司组建）实现，负责落实国家计划、地方政府协议，促进市场化跨省跨区交易；一定范围内资源优化配置的功能主要通过中长期交易、现货交易，在相应区域电力市场实现。省（区、市）电力市场主要开展省（区、市）内中长期交易、现货交易。同一地域内不重复设置开展现货交易的电力市场。

三、主要任务

（一）组建相对独立的电力交易机构。按照政府批准的章程和规则，组建电力交易机构，为电力交易提供服务。

（二）搭建电力市场交易技术支持系统。满足中长期、现货市场运行和市场监管要求，遵循国家明确的基本交易规则和主要技术标准，实行统一标准、统一接口。

（三）建立优先购电、优先发电制度。保障公益性、调节性发用电优先购电、优先发电，坚持清洁能源优先上网，加大节能减排力度，并在保障供需平衡的前提下，逐步形成以市场为主的电力电量平衡机制。

（四）建立相对稳定的中长期交易机制。鼓励市场主体间开展直接交易，自行协商签订合同，或通过交易机构组织的集中竞价交易平台签订合同。优先购电和优先发电视为年度电能量交易签订合同。可中断负荷、调压等辅助服务可签订中长期交易合同。允许按照市场规则转让或者调整交易合同。

（五）完善跨省跨区电力交易机制。以中长期交易为主、临时交易为补充，鼓励发电企业、电力用户、售电主体等通过竞争方式进行跨省跨区买卖电。跨省跨区送受电中的国家计划、地方政府协议送电量优先发电，承担相应辅助服务义务，其他跨省跨区送受电参与电力市场。

（六）建立有效竞争的现货交易机制。不同电力市场模式下，均应在保证安全、高效、环保的基础上，按成本最小原则建立现货交易机制，发现价格，引导用户合理用电，促进发电机组最大限度提供调节能力。

（七）建立辅助服务交易机制。按照"谁受益、谁承担"的原则，建立电力用户参与的辅助服务分担共享机制，积极开展跨省跨区辅助服务交易。在现货市场开展备用、调频等辅助服务交易，中长期市场开展可中断负荷、调压等辅助服务交易。用户可以结合自身负荷特性，自愿选择与发电企业或电网企业签订保供电协议、可中断负荷协议等合同，约定各自的辅助服务权利与义务。

（八）形成促进可再生能源利用的市场机制。规划内的可再生能源优先发电，优先发电合同可转让，鼓励可再生能源参与电力市场，鼓励跨省跨区消纳可再生能源。

（九）建立市场风险防范机制。不断完善市场操纵力评价标准，加强对市场操纵力的预防与监管。加强调度管理，提高电力设备管理水平，确保市场在电力电量平衡基础上正常运行。

四、市场主体

（一）市场主体的范围

市场主体包括各类发电企业、供电企业（含地方电网、趸售县、高新产业园区和经济技术开发区等，下同）、售电企业和电力用户等。各类市场主体均应满足国家节能减排和环保要求，符合产业政策要求，并在交易机构注册。参与跨省跨区交易时，可在任何一方所在地交易平台参与交易，也可委托第三方代理。现货市场启动前，电网企业可参加跨省跨区交易。

（二）发电企业和用户的基本条件

1. 参与市场交易的发电企业，其项目应符合国家规定，单位能耗、环保排放、并网安全应达到国家和行业标准。新核准的发电机组原则上参与电力市场交易。

2. 参与市场交易的用户应为接入电压在一定电压等级以上，容量和用电量较大的电力用户。新增工业用户原则上应进入市场交易。符合准入条件的用户，选择进入市场后，应全部电量参与市场交易，不再按政府定价购电。对于符合准入条件但未选择参与直接交易或向售电企业购电的用户，由所在地供电企业提供保底服务并按政府定价购电。用户选择进入市场后，在一定周期内不可退出。适时取消目录电价中相应用户类别的政府定价。

五、市场运行

（一）交易组织实施。电力交易、调度机构负责市场运行组织工作，及时发布市场信息，组织市场交易，根据交易结果制定交易计划。

（二）中长期交易电能量合同的形成。交易各方根据优先购电发电、直接交易（双边或集中撮合）等交易结果，签订中长期交易合同。其中，分散式市场以签订实物合同为主，集中式市场以签订差价合同为主。

（三）日前发电计划。分散式市场，次日发电计划由交易双方约定的次日发用电曲线、优先购电发电合同分解发用电曲线和现货市场形成的偏差调整曲线叠加形成。集中式市场，次日发电计划由发电企业、用户和售电主体通过现货市场竞价确定次日全部发用电量和发用电曲线形成。日前发电计划编制过程中，应考虑辅助服务与电能量统一出清、统一安排。

（四）日内发电计划。分散式市场以5—15分钟为周期开展偏差调整竞价，竞价模式为部分电量竞价，优化结果为竞价周期内的发电偏差调整曲线、电量调整结算价格、辅助服务容量、辅助服务价格等。集中式市场以5—15分钟为周期开展竞价，竞价模式为全电量竞价，优化结果为竞价周期内的发电曲线、结算价格、辅助服务容量、辅助服务价格等。

（五）竞争性环节电价形成。初期主要实行单一电量电价。现货市场电价由市场主体竞价形成分时电价，根据地区实际可采用区域电价或节点边际电价。为有效规避市场风险，对现货市场以及集中撮合的中长期交易实施最高限价和最低限价。

（六）市场结算。交易机构根据市场主体签订的交易合同及现货平台集中交易结果和执行结果，出具电量电费、辅助服务费及输电服务费等结算依据。建立保障电费结算的风险防范机制。

（七）安全校核。市场出清应考虑全网安全约束。电力调度机构负责安全校核，并按时向规定机构提供市场所需的安全校核数据。

（八）阻塞管理。电力调度机构应按规定公布电网输送能力及相关信息，负责预测和检测可能出现的阻塞问题，并通过市场机制进行必要的阻塞管理。因阻塞管理产生的盈利或费用按责任分担。

（九）应急处置。当系统发生紧急事故时，电力调度机构应按安全第一的原则处理事故，无需考虑经济性。由此带来的成本由相关责任主体承担，责任主体不明的由市场主体共同分担。当面临严重供不应求情况时，政府有关部门可依照相关规定和程序暂停市场交易，组织实施有序用电方案。当出现重大自然灾害、突发事件时，政府有关部门、国家能源局及其派出机构可依照相关规定和程序暂停市场交易，临时实施发用电计划管理。当市场运营规则不适应电力市场交易需要，电力市场运营所必须的软硬件条件发生重大故障导致交易长时间无法进行，以及电力市场交易发生恶意串通操纵行为并严重影响交易结果等情况时,国家能源局及其派出机构可依照相关规定和程序暂停市场交易。

(十)市场监管。切实加强电力行业及相关领域科学监管,完善电力监管组织体系,创新监管措施和手段。充分发挥和加强国家能源局及其派出机构在电力市场监管方面的作用。国家能源局依法组织制定电力市场规划、市场规则、市场监管办法,会同地方政府对区域电力市场及区域电力交易机构实施监管;国家能源局派出机构和地方政府电力管理部门根据职能依法履行省(区、市)电力监管职责,对市场主体有关市场操纵力、公平竞争、电网公平开放、交易行为等情况实施监管,对电力交易机构和电力调度机构执行市场规则的情况实施监管。

六、信用体系建设

(一)建立完善市场主体信用评价制度。开展电力市场交易信用信息系统和信用评价体系建设。针对发电企业、供电企业、售电企业和电力用户等不同市场主体建立信用评价指标体系。建立企业法人及其负责人、从业人员信用记录,将其纳入统一的信息平台,使各类企业的信用状况透明,可追溯、可核查。

(二)建立完善市场主体年度信息公示制度。推动市场主体信息披露规范化、制度化、程序化,在指定网站按照指定格式定期发布信息,接受市场主体的监督和政府部门的监管。

(三)建立健全守信激励和失信惩戒机制。加大监管力度,对于不履约、欠费、滥用市场操纵力、不良交易行为、电网歧视、未按规定披露信息等失信行为,要进行市场内部曝光,对有不守信行为的市场主体,要予以警告。建立并完善黑名单制度,严重失信行为直接纳入不良信用记录,并向社会公示;严重失信且拒不整改、影响电力安全的,必要时可实施限制交易行为或强制性退出,并纳入国家联合惩戒体系。

七、组织实施

在电力体制改革工作小组的领导下,国家发展改革委、工业和信息化部、财政部、国务院国资委、国家能源局等有关部门,充分发挥部门联合工作机制作用,组织协调发电企业、电网企业和电力用户,通过联合工作组等方式,切实做好电力市场建设试点工作。

(一)市场筹建。由电力体制改革工作小组根据电力体制改革的精神,制定区域交易机构设置的有关原则,由国家发展改革委、国家能源局会同有关省(区、市),拟定区域市场试点方案;省级人民政府确定牵头部门并提出省(区、市)市场试点方案。试点方案经国家发展改革委、国家能源局组织专家论证后,修改完善并组织实施。

试点地区应建立领导小组和专项工作组,做好试点准备工作。根据实际情况选择市场模式,选取组建区域交易机构或省(区、市)交易机构,完成电力市场(含中长期市场和现货市场,下同)框架方案设计、交易规则和技术支持系统基本规范制定,电力市场技术支持系统建设,并探索通过电力市场落实优先购电、优先发电的途径。适时启动电力市场试点模拟运行和试运行,开展输电阻塞管理。加强对市场运行情况的跟踪了解和分析,及时修订完善有关规则、技术规范。

(二)规范完善。一是对比分析不同试点面临的问题和取得的经验,对不同市场模式进行评估,分析适用性及资源配置效率,完善电力市场。二是继续放开发用电计划,进一步放开跨省跨区送受电,发挥市场机制自我调节资源配置的作用。三是视情况扩大试点范围,逐步开放融合。满足条件的地区,可试点输电权交易。长期发电容量存在短缺风险的地区,可探索建设容量市场。

(三)推广融合。一是在试点地区建立规范、健全的电力市场体系,在其他具备条件的地区,完善推广电力市场体系。进一步放开竞争性环节电价,在具备条件的地区取消销售电价和上网电价的政府定价;进一步放开发用电计划,并完善应急保障机制。二是研究提出促进全国范围内市场融合实施方案并推动实施,实现不同市场互联互通,在全国范围内形成竞争充分、开放有序、健康发展的市场体系。三是探索在全国建立统一的电力期货、衍生品市场。

附件五

关于电力交易机构组建和规范运行的实施意见

为贯彻落实《中共中央国务院关于进一步深化电力体制改革的若干意见》(中发〔2015〕9号)有关要求,推进构建有效竞争的市场结构和市场体系,建立相对独立、规范运行的电力交易机构(以下简称交易机构),现就电力交易机构组建和规范运行提出以下意见。

一、总体要求

(一)指导思想

坚持市场化改革方向,适应电力工业发展客观要求,以构建统一开放、竞争有序的电力市场体系为目标,组建相对独立的电力交易机构,搭建公开透明、功能完善的电力交易平台,依法依规提供规范、可靠、高效、优质的电力交易服务,形成公平公正、有效竞争的市场格局,促进市场在能源资源优化配置中发挥决定性作用和更好发挥政府作用。

(二)基本原则

平稳起步,有序推进。根据目前及今后一段时期我国电力市场建设目标、进程及重点任务,立足于我国现有网架结构、电源和负荷分布及其未来发展,着眼于更大范围内资源优化配置,统筹规划、有序推进交易机构组建工作,建立规范运行的全国电力交易机构体系。

相对独立，依规运行。将原来由电网企业承担的交易业务与其他业务分开，实现交易机构管理运营与各类市场主体相对独立。依托电网企业现有基础条件，发挥各类市场主体积极性，鼓励具有相应技术与业务专长的第三方参与，建立健全科学的治理结构。各交易机构依规自主运行。

依法监管，保障公平。交易机构按照政府批准的章程和规则，构建保障交易公平的机制，为各类市场主体提供公平优质的交易服务，确保信息公开透明，促进交易规则完善和市场公平。政府有关部门依法对交易机构实施监管。

二、组建相对独立的交易机构

（一）职能定位

交易机构不以营利为目的，在政府监管下为市场主体提供规范公开透明的电力交易服务。交易机构主要负责市场交易平台的建设、运营和管理；负责市场交易组织，提供结算依据和相关服务，汇总电力用户与发电企业自主签订的双边合同；负责市场主体注册和相应管理，披露和发布市场信息等。

（二）组织形式

将原来由电网企业承担的交易业务与其他业务分开，按照政府批准的章程和规则组建交易机构。交易机构可以采取电网企业相对控股的公司制、电网企业子公司制、会员制等组织形式。其中，电网企业相对控股的公司制交易机构，由电网企业相对控股，第三方机构及发电企业、售电企业、电力用户等市场主体参股。会员制交易机构由市场主体按照相关规则组建。

（三）市场管理委员会

为维护市场的公平、公正、公开，保障市场主体的合法权益，充分体现各方意愿，可建立由电网企业、发电企业、售电企业、电力用户等组成的市场管理委员会。按类别选派代表组成，负责研究讨论交易机构章程、交易和运营规则，协调电力市场相关事项等。市场管理委员会实行按市场主体类别投票表决等合理议事机制，国家能源局及其派出机构和政府有关部门可以派员参加市场管理委员会有关会议。市场管理委员会审议结果经审定后执行，国家能源局及其派出机构和政府有关部门可以行使否决权。

(四) 体系框架

有序组建相对独立的区域和省(区、市)交易机构。区域交易机构包括北京电力交易中心(依托国家电网公司组建)、广州电力交易中心(依托南方电网公司组建)和其他服务于有关区域电力市场的交易机构。鼓励交易机构不断扩大交易服务范围,推动市场间相互融合。

(五) 人员和收入来源

交易机构应具有与履行交易职责相适应的人、财、物,日常管理运营不受市场主体干预,接受政府监管。交易机构人员可以电网企业现有人员为基础,根据业务发展需要,公开选聘,择优选取,不断充实;高级管理人员由市场管理委员会推荐,依法按组织程序聘任。交易机构可向市场主体合理收费,主要包括注册费、年费、交易手续费。

(六) 与调度机构的关系

交易机构主要负责市场交易组织,调度机构主要负责实时平衡和系统安全。日以内即时交易和实时平衡由调度机构负责。日前交易要区别不同情形,根据实践运行的情况和经验,逐步明确、规范交易机构和调度机构的职能边界。交易机构按照市场规则,基于安全约束,编制交易计划,用于结算并提供调度机构。调度机构向交易机构提供安全约束条件和基础数据,进行安全校核,形成调度计划并执行,公布实际执行结果,并向市场主体说明实际执行与交易计划产生偏差的原因。交易机构根据市场规则确定的激励约束机制要求,通过事后结算实现经济责任分担。

三、形成规范运行的交易平台

(一) 拟定交易规则

根据市场建设目标和市场发展情况,设计市场交易品种。编制市场准入、市场注册、市场交易、交易合同、交易结算、信息披露等规则。

(二) 交易平台建设与运维

逐步提高交易平台自动化、信息化水平,根据市场交易实际需要,规划、建设功能健全、运行可靠的电力交易技术支持系统。加强技术支持系统的运维,支撑市场主体接入和各类交易开展。

（三）市场成员注册管理

省级政府或由省级政府授权的部门，按年度公布当地符合标准的发电企业和售电主体，对用户目录实施动态监管。进入目录的发电企业、售电主体和用户可自愿到交易机构注册成为市场交易主体。交易机构按照电力市场准入规定，受理市场成员递交的入市申请，与市场成员签订入市协议和交易平台使用协议，办理交易平台使用账号和数字证书，管理市场成员注册信息和档案资料。注册的市场成员可通过交易平台在线参与各类电力交易，签订电子合同，查阅交易信息等。

（四）交易组织

发布交易信息，提供平台供市场成员开展双边、集中等交易。按照交易规则，完成交易组织准备，发布电力交易公告，通过交易平台组织市场交易，发布交易结果。

（五）交易计划编制与跟踪

根据各类交易合同编制日交易等交易计划，告知市场成员，并提交调度机构执行，跟踪交易计划执行情况，确保交易合同和优先发用电合同得到有效执行。

（六）交易结算

根据市场交易发展情况及市场主体意愿，逐步细化完善交易结算相关办法，规范交易结算职能。交易机构根据交易结果和执行结果，出具电量电费、辅助服务费及输电服务费等结算凭证。交易机构组建初期，可在交易机构出具结算凭证的基础上，保持电网企业提供电费结算服务的方式不变。

（七）信息发布

按照信息披露规则，及时汇总、整理、分析和发布电力交易相关数据及信息。

（八）风险防控

采取有效风险防控措施，加强对市场运营情况的监控分析，当市场出现重大异常时，按规则采取相应的市场干预措施，并及时报告。

四、加强对交易机构的监管

（一）市场监管

切实加强电力行业及相关领域科学监管，完善电力监管组织体系，创新监管措施和手段。充分发挥和加强国家能源局及其派出机构在电力市场监管方面的作用。国家能源局依法组织制定电力市场规划、市场规则、市场监管办法,会同地方政府对区域电力市场及区域电力交易机构实施监管;国家能源局派出机构和地方政府电力管理部门根据职能依法履行省(区、市)电力监管职责,对市场主体有关市场操纵力、公平竞争、电网公平开放、交易行为等情况实施监管,对电力交易机构和电力调度机构执行市场规则的情况实施监管。

(二)外部审计

试点交易机构应依法依规建立完善的财务管理制度,按年度经具有证券、期货相关业务资格的会计师事务所进行外部财务审计,财务审计报告应向社会发布。

(三)业务稽核

可根据实际需要,聘请第三方机构对交易开展情况进行业务稽核,并提出完善规则等相关建议。

五、组织实施

(一)加强领导

为促进不同电力市场的有机融合,逐步形成全国电力市场体系,在电力体制改革工作小组的领导下,国家发展改革委、工业和信息化部、财政部、国务院国资委、国家能源局等有关部门和企业,发挥好部门联合工作机制作用,切实做好交易机构组建试点工作。

(二)试点先行

在试点地区,结合试点工作,组建相对独立的交易机构,明确试点交易机构发起人及筹备组班子人选。筹备组参与拟定交易机构组建方案,试点方案经国家发展改革委、国家能源局组织论证后组织实施。

(三)组织推广

总结交易机构组建试点经验,根据各地市场建设实际进展,有序推动其他交易机构相对独立、规范运行相关工作。

附件六

关于有序放开发用电计划的实施意见

为贯彻落实《中共中央国务院关于进一步深化电力体制改革的若干意见》（中发〔2015〕9号）有关要求，推进发用电计划改革，更多发挥市场机制的作用，逐步建立竞争有序、保障有力的电力运行机制，现就有序放开发用电计划提出以下意见。

一、总体思路和主要原则

（一）总体思路

通过建立优先购电制度保障无议价能力的用户用电，通过建立优先发电制度保障清洁能源发电、调节性电源发电优先上网，通过直接交易、电力市场等市场化交易方式，逐步放开其他的发用电计划。在保证电力供需平衡、保障社会秩序的前提下，实现电力电量平衡从以计划手段为主平稳过渡到以市场手段为主，并促进节能减排。

（二）主要原则

坚持市场化。在保证电力安全可靠供应的前提下，通过有序缩减发用电计划、开展发电企业与用户直接交易，逐步扩大市场化电量的比例，加快电力电量平衡从以计划手段为主向以市场手段为主转变，为建设电力市场提供空间。

坚持保障民生。政府保留必要的公益性、调节性发用电计划，以确保居民、农业、重要公用事业和公益性服务等用电。在有序放开发用电计划的过程中，充分考虑企业和社会的承受能力,保障基本公共服务的供给。常态化、精细化开展有序用电工作,有效保障供需紧张情况下居民等重点用电需求不受影响。

坚持节能减排和清洁能源优先上网。在确保供电安全的前提下,优先保障水电和规划内的风能、太阳能、生物质能等清洁能源发电上网,促进清洁能源多发满发。

坚持电力系统安全和供需平衡。按照市场化方向,改善电力运行调节,统筹市场与计划两种手段,引导供应侧、需求侧资源积极参与调峰调频,保障电力电量平衡,提高电力供应的安全可靠水平,确保社会生产生活秩序。

坚持有序推进。各地要综合考虑经济结构、电源结构、电价水平、送受电规模、市场基础等因素,结合本地实际情况,制定发用电计划改革实施方案,分步实施、有序推进。

二、建立优先购电制度

(一)优先购电基本内容。优先购电是指按照政府定价优先购买电力电量,并获得优先用电保障。优先购电用户在编制有序用电方案时列入优先保障序列,原则上不参与限电,初期不参与市场竞争。

(二)优先购电适用范围。一产用电,三产中的重要公用事业、公益性服务行业用电,以及居民生活用电优先购电。重要公用事业、公益性服务包括党政军机关、学校、医院、公共交通、金融、通信、邮政、供水、供气等涉及社会生活基本需求,或提供公共产品和服务的部门和单位。

(三)优先购电保障措施。一是发电机组共同承担。优先购电对应的电力电量由所有公用发电机组共同承担,相应的销售电价、上网电价均执行政府定价。二是加强需求侧管理。在负荷控制系统、用电信息采集系统基础上,推广用电用能在线监测和需求侧管理评价,积极培育电能服务,建立完善国家电力需求侧管理平台。在前期试点基础上,推广需求响应,参与市场竞争,逐步形成占最大用电负荷3%左右的需求侧机动调峰能力,保障轻微缺电情况下的电力供需平衡。三是实施有序用电。常态化、精细化开展有序用电工作。制定有序用电方案,进行必要演练,增强操作能力。出现电力缺口或重大突发事件时,对优先购电用户保障供电,其他用户按照有序用电方案确定的顺序及相应比例分担限电义务。通过实施有序用电方案，保障严重缺电情况下的社会秩序稳定。四是加强老少边穷地区电力供应保障。加大相关投入，确保无电人口用电全覆盖。

三、建立优先发电制度

（一）优先发电基本内容。优先发电是指按照政府定价或同等优先原则，优先出售电力电量。优先发电容量通过充分安排发电量计划并严格执行予以保障，拥有分布式风电、太阳能发电的用户通过供电企业足额收购予以保障，目前不参与市场竞争。

（二）优先发电适用范围。为便于依照规划认真落实可再生能源发电保障性收购制度，纳入规划的风能、太阳能、生物质能等可再生能源发电优先发电；为满足调峰调频和电网安全需要，调峰调频电量优先发电；为保障供热需要，热电联产机组实行"以热定电"，供热方式合理、实现在线监测并符合环保要求的在采暖期优先发电，以上原则上列为一类优先保障。为落实国家能源战略、确保清洁能源送出，跨省跨区送受电中的国家计划、地方政府协议送电量优先发电；为减少煤炭消耗和污染物排放，水电、核电、余热余压余气发电、超低排放燃煤机组优先发电，以上原则上列为二类优先保障。各省（区、市）可根据本地区实际情况，按照确保安全、兼顾经济性和调节性的原则，合理确定优先顺序。

（三）优先发电保障措施。一是留足计划空间。各地安排年度发电计划时，充分预留发电空间。其中，风电、太阳能发电、生物质发电、余热余压余气发电按照资源条件全额安排发电，水电兼顾资源条件、历史均值和综合利用要求确定发电量，核电在保证安全的情况下兼顾调峰需要安排发电。二是加强电力外送和消纳。跨省跨区送受电中原则上应明确可再生能源发电量的比例。三是统一预测出力。调度机构统一负责调度范围内风电、太阳能发电出力预测，并充分利用水电预报调度成果，做好电力电量平衡工作，科学安排机组组合，充分挖掘系统调峰潜力，合理调整旋转备用容量，在保证电网安全运行的前提下，促进清洁能源优先上网；面临弃水弃风弃光情况时，及时预告有关情况，及时公开相关调度和机组运行信息。可再生能源发电企业应加强出力预测工作，并将预测结果报相应调度机构。四是组织实施替代,同时实现优先发电可交易。修订火电运行技术规范,提高调峰灵活性,为消纳可再生能源腾出调峰空间。鼓励开展替代发电、调峰辅助服务交易。

四、切实保障电力电量平衡

未建立现货市场的地区,应以现有发用电计划工作为基础,坚持公开、公平、公正,参照以下步骤做好年度电力电量平衡工作。

(一)做好供需平衡预测。每年年底,各地预测来年本地区电力供需平衡情况,预测总发用电量,测算跨省跨区送受电电量(含优先发电部分、市场交易部分),测算本地区平均发电利用小时数,点对网发电机组视同为受电地区发电企业。

(二)安排优先发电。优先安排风能、太阳能、生物质能等可再生能源保障性发电;根据电网调峰调频需要,合理安排调峰调频电量;按照以热定电原则安排热电联产机组发电;兼顾资源条件、系统需要,合理安排水电发电;兼顾调峰需要,合理安排核电发电;安排余热余压余气发电;考虑节能环保水平,安排高效节能、超低排放的燃煤机组发电。

(三)组织直接交易。组织符合条件的电力用户和发电企业,通过双边交易或多边交易等方式,确定交易电量和交易价格;尽可能确保用户用电负荷特性不得恶化,避免加大电网调峰压力;尽可能避免非理性竞争,保障可持续发展。其中,供热比重大的地区,直接交易不得影响低谷电力平衡和保障供热需要;水电比重大的地区,直接交易应区分丰水期、枯水期电量。

(四)扣除相应容量。为促进直接交易价格合理反映电力资源产品价值,在安排计划电量时,原则上应根据直接交易情况,相应扣除发电容量。为调动发电企业参与积极性,直接交易电量折算发电容量时,可根据对应用户最大负荷利用小时数、本地工业用户平均利用小时数或一定上限等方式折算。

(五)安排好年度电力电量平衡方案。扣除直接交易的发电量、发电容量后,剩余发电量、发电容量可以按照现行的差别电量计划制定规则,考虑年度检修计划后,确定发电计划。计划电量执行政府定价。电力企业应根据年度电力电量平衡方案协商签订购售电合同。

(六)实施替代发电。发电计划确定后,在满足安全和供热等约束条件下,组织发电企业通过自主协商或集中撮合等方式实施替代发电,促进节能减排。计划电量和直接交易电量,均可按照有关规定实施替代发电。

(七)保障电力平衡。所有统调发电机组均承担电力平衡和调峰调频任务,对应的电量为调峰调频电量,计入计划电量,原调度方式不变。

(八)适时调整年度电力电量平衡方案。通过调整方案,确保交易电量得以执行。可于四季度,根据直接交易电量变化、用电增速变化,以及有关奖惩因素等,按照上述规则调整年度电力电量平衡方案,并签订调整补充协议。

五、积极推进直接交易

通过建立、规范和完善直接交易机制,促进中长期电力交易的发展,加快市场化改革进程。

(一)用户准入范围。允许一定电压等级或容量的用户参与直接交易;允许售电公司参与;允许地方电网和趸售县参与;允许产业园区和经济技术开发区等整体参与。落后产能、违规建设和违法排污项目不得参与。各地可结合本地区实际情况、产业政策,以及能耗、环保水平等完善准入条件,并尽可能采用负面清单、注册制方式。选择直接交易的用户,原则上应全部电量参与市场交易,不再按政府定价购电。

(二)发电准入范围。允许火电、水电参与直接交易;鼓励核电、风电、太阳能发电等尝试参与;火电机组中,超低排放的燃煤发电机组优先参与。不符合国家产业政策、节能节水指标未完成、污染物排放未达到排放标准和总量控制要求、违规建设等电源项目不得参与。各地可结合本地区实际情况、发电产业政策,以及发电机组容量、能耗、环保水平等完善准入条件,并尽可能采用负面清单方式。发电机组参与直接交易的容量应保持合理比例,以便保持调峰调频能力、避免影响供需平衡。

(三)交易方式和期限。符合条件的发电企业、售电企业和用户可以自愿参与直接交易,协商确定多年年度、季度、月度、周交易量和交易价格。既可以通过双边交易,也可以通过多边撮合交易实现;一旦参与,不得随意退出。年度交易量确定后,可以根据实际情况进行月度电量调整。直接交易合同原则上至少为期一年,双方必须约定违约责任,否则合同不得中途中止。具备条件的,允许部分或全部转让合同,即卖电方可以买电、买电方也可以卖电,以降低参与方的违约风险。

(四)直接交易价格。对于发电企业与用户、售电企业直接交易的电量,上网电价和销售电价初步实现由市场形成,即通过自愿协商、市场竞价等方式自主确定上网电价,按照用户、售电主体接入电网的电压等级支付输配电价(含线损、交叉补贴)、政府性基金等。暂未单独核定输配电价的地区、扩大电力直接交易参与范围的地区,可采取保持电网购销差价不变的方式,即发电企业上网电价调整多少,销售电价调整多少,差价不变。

(五)保持用电负荷特性。为保持用户用电特性,避免加大系统调峰压力,初期,直接交易电量应区分峰谷电量,实行峰谷电价,峰谷电价比值应不低于所在省份峰谷电价比值;有条件的地区,鼓励发用电双方提供负荷曲线。中期,在直接交易中努力实现电力基本匹配,发用电双方均需提供负荷曲线,但不严格要求兑现。后期,所有卖电方均需提供预计出力曲线;所有买电方均需提供预计用电曲线。

(六)避免非理性竞争。为了建立长期稳定的交易关系,促进可持续发展,参与直接交易的发电能力和用电量应保持合理比例、基本匹配,避免出现非理性竞争,影响市场化改革进程。具体比例可参考本地区可供电量与用电量的比值确定。

六、有序放开发用电计划

根据实际需要,在不影响电力系统安全、供需平衡和保障优先购电、优先发电的前提下,全国各地逐步放开一定比例的发用电计划,参与直接交易,促进电力市场建设。

(一)逐步放大直接交易比例

用电逐步放开。现阶段可以放开110千伏(66千伏)及以上电压等级工商业用户、部分35千伏电压等级工商业用户参与直接交易。下一步可以放开全部35千伏及以上电压等级工商业用户,甚至部分10千伏及以上电压等级工商业用户参与;允许部分优先购电的企业和用户自愿进入市场。具备条件时,可以放开全部千伏及以上电压等级用户,甚至允许所有优先购电的企业和用户自愿进入市场;也可以通过保留一定交叉补贴,使得无议价能力用户价格比较合理,在市场上具有一定竞争力,通过市场解决;供电企业仍承担保底供电责任,确保市场失灵时的基本保障。

发电相应放开。随着用电逐步放开,相应放开一定比例的发电容量参与直接交易。目前保留各类优先发电,鼓励优先发电的企业和用户自愿进入市场。具备条件时,调峰调频电量、供热发电、核电、余热余压余气发电等优先发电尽可能进入电力市场。

跨省跨区送受电逐步放开。现阶段,国家计划、地方政府协议送电量优先发电;其他跨省跨区送受电可给予一定过渡期,在历史均值基础上,年电量变化幅度应控制在一定比例范围内,或可通过跨省跨区替代发电实现利益调节。下一步,鼓励将国家计划、地方政府协议送电量转变为中长期合同;其他跨省跨区送受电由送受电各方自行协商确定,鼓励签订中长期合同。逐步过渡到主要通过中长期交易、临时交易实现;既可以是政府间中长期交易,电力企业、用户间中长期交易,也可以是电力企业、用户间临时交易。

(二) 促进建立电力市场体系

通过建立、规范和完善直接交易机制,促进电力中长期交易的发展。首先,选取试点地区开展现货市场试点,探索建立电力电量平衡新机制。然后,在现货市场试点基础上,丰富完善市场品种,探索实施途径、积累经验、完善规则,尝试建立比较完整的电力市场体系,为全国范围推广奠定基础。鼓励需求侧资源参与各类市场竞争,促进分布式发电、电动汽车、需求响应等的发展。后期,进一步完善各类电力市场和交易品种,并逐步在全国范围推广、建立比较完善的体系,使得电力电量平衡能够主要依靠电力市场实现,市场在配置资源中发挥决定性作用。

结合直接交易用户的放开,适时取消相应类别用户目录电价,即用户必须自行参与市场或通过售电公司购电。逐步取消部分上网电量的政府定价。除优先发电、优先购电对应的电量外,发电企业其他上网电量价格主要由用户、售电主体与发电企业通过自主协商、市场竞价等方式确定。在电力市场体系比较健全的前提下,全部放开上网电价和销售电价。

(三) 不断完善应急保障机制

通过实施需求响应和有序用电方案,完善电力电量平衡的应急保障机制和体系。在面临重大自然灾害和突发事件时,省级以上人民政府依法宣布进入应急状态或紧急状态,暂停市场交易,全部或部分免除市场主体的违约责任,发电全部或部分执行指令性交易,包括电量、电价,用电执行有序用电方案。

七、因地制宜组织实施

(一)切实加强组织领导。各地区要建立工作机制,有关部门要分工协作、相互配合,结合本地区实际情况,制定实施方案并报国家发展改革委和国家能源局;对于过渡时期可能出现的各种问题,早做考虑、早做预案;认真落实本指导意见提出的各项任务,遇有重大问题及时反映。国家发展改革委和国家能源局将会同有关部门加强对各地区实施方案制定和具体工作推进的指导和监督;适时组织评估有序放开发用电计划工作,总结经验、分析问题、完善政策。

(二)因地制宜开展工作。鉴于我国不同地区间电源电网结构、实际运行特点以及经济结构等均存在较大差异,改革过程中面临的困难各不相同、同步实施难度较大,各地可根据工作基础、实施难度和实际进展等因素,在本地区实施方案中确定主要时间节点,并制定不同阶段的放开比例和具体工作方案。建立现货市场的试点地区,可以根据需要另行设计发用电计划改革路径。

(三)充分发挥市场作用。无论是制定、实施本地区实施方案,还是组织开展试点工作,各地都要坚持发挥市场的作用,注重制定完善规则,按规则办事,避免自由裁量空间过大。特别是在直接交易等实施过程中,不得指定交易对象、交易电量、交易价格。国家能源局派出机构应加强对此类情况的监督检查。如经核实出现类似情况,将暂停该地区试点工作或改革推进工作,待整改完毕后再行推进。

附件七

关于推进售电侧改革的实施意见

为认真贯彻《中共中央国务院关于进一步深化电力体制改革的若干意见》(中发〔2015〕9号)精神,现就推进售电侧改革提出以下意见。

一、指导思想和基本原则、工作目标

(一)指导思想

向社会资本开放售电业务,多途径培育售电侧市场竞争主体,有利于更多的用户拥有选择权,提升售电服务质量和用户用能水平。售电侧改革与电价改革、交易体制改革、发用电计划改革等协调推进,形成有效竞争的市场结构和市场体系,促进能源资源优化配置,提高能源利用效率和清洁能源消纳水平,提高供电安全可靠性。

(二)基本原则

坚持市场方向。通过逐步放开售电业务,进一步引入竞争,完善电力市场运行机制,充分发挥市场在资源配置中的决定性作用,鼓励越来越多的市场主体参与售电市场。

坚持安全高效。售电侧改革应满足供电安全和节能减排要求,优先开放能效高、排放低、节水型的发电企业,以及单位能耗、环保排放符合国家标准、产业政策的用户参与交易。

鼓励改革创新。参与交易的市场主体采用公示和信用承诺制度，不实行行政审批。整合互联网、分布式发电、智能电网等新兴技术，促进电力生产者和消费者互动，向用户提供智能综合能源服务，提高服务质量和水平。

完善监管机制。保证电力市场公平开放，建立规范的购售电交易机制，在改进政府定价机制、放开发电侧和售电侧两端后，对电网输配等自然垄断环节和市场其他主体严格监管，进一步强化政府监管。

二、售电侧市场主体及相关业务

（一）电网企业

电网企业是指拥有输电网、配电网运营权（包括地方电力公司、趸售县供电公司），承担其供电营业区保底供电服务的企业，履行确保居民、农业、重要公用事业和公益性服务等用电的基本责任。当售电公司终止经营或无力提供售电服务时，电网企业在保障电网安全和不影响其他用户正常供电的前提下，按照规定的程序、内容和质量要求向相关用户供电，并向不参与市场交易的工商业用户和无议价能力用户供电，按照政府规定收费。若营业区内社会资本投资的配电公司无法履行责任时，由政府指定其他电网企业代为履行。

电网企业对供电营业区内的各类用户提供电力普遍服务，保障基本供电；无歧视地向市场主体及其用户提供报装、计量、抄表、维修、收费等各类供电服务；保障电网公平无歧视开放，向市场主体提供输配电服务，公开输配电网络的可用容量和实际使用容量等信息；在保证电网安全运行的前提下，按照有关规定收购分布式电源发电；受委托承担供电营业区内的有关电力统计工作。

电网企业按规定向交易主体收取输配电费用（含线损和交叉补贴），代国家收取政府性基金；按照交易中心出具的结算依据，承担市场主体的电费结算责任，保障交易电费资金安全。

鼓励以混合所有制方式发展配电业务。向符合条件的市场主体放开增量配电投资业务。社会资本投资增量配电网绝对控股的，即拥有配电网运营权，同时拥有供电营业区内与电网企业相同的权利，并切实履行相同的责任和义务。

（二）售电公司

售电公司分三类，第一类是电网企业的售电公司。第二类是社会资本投资增量配电网，拥有配电网运营权的售电公司。第三类是独立的售电公司，不拥有配电网运营权，不承担保底供电服务。

售电公司以服务用户为核心，以经济、优质、安全、环保为经营原则，实行自主经营，自担风险，自负盈亏，自我约束。鼓励售电公司提供合同能源管理、综合节能和用电咨询等增值服务。同一供电营业区内可以有多个售电公司，但只能有一家公司拥有该配电网经营权，并提供保底供电服务。同一售电公司可在多个供电营业区内售电。

发电公司及其他社会资本均可投资成立售电公司。拥有分布式电源的用户，供水、供气、供热等公共服务行业，节能服务公司等均可从事市场化售电业务。

（三）用户

符合市场准入条件的电力用户，可以直接与发电公司交易，也可以自主选择与售电公司交易，或选择不参与市场交易。

三、售电侧市场主体准入与退出

（一）售电公司准入条件

1. 按照《中华人民共和国公司法》，进行工商注册，具有独立法人资格。

2. 资产要求。

（1）资产总额在2千万元至1亿元人民币的，可以从事年售电量不超过6至30亿千瓦时的售电业务。

（2）资产总额在1亿元至2亿元人民币的，可以从事年售电量不超过30至60亿千瓦时的售电业务。

（3）资产总额在2亿元人民币以上的，不限制其售电量。

（4）拥有配电网经营权的售电公司其注册资本不低于其总资产的20%。

3. 拥有与申请的售电规模和业务范围相适应的设备、经营场所，以及具有掌握电力系统基本技术经济特征的相关专职专业人员，有关要求另行制定。

4. 拥有配电网经营权的售电公司应取得电力业务许可证（供电类）。

(二) 直接交易用户准入条件

1. 符合国家产业政策,单位能耗、环保排放均应达到国家标准。

2. 拥有自备电源的用户应按规定承担国家依法合规设立的政府性基金,以及与产业政策相符合的政策性交叉补贴和系统备用费。

3. 微电网用户应满足微电网接入系统的条件。

(三) 市场主体准入

1. 符合准入条件的市场主体应向省级政府或由省级政府授权的部门申请,并提交相关资料。

2. 省级政府或由省级政府授权的部门通过政府网站等媒体将市场主体是否满足准入条件的信息及相关资料向社会公示。

3. 省级政府或由省级政府授权的部门将公示期满无异议的市场主体纳入年度公布的市场主体目录,并实行动态管理。

4. 列入目录的市场主体可在组织交易的交易机构注册,获准参与交易。在新的交易机构组建前,市场主体可先行在省级政府或由省级政府授权的部门登记。

有关市场主体准入、退出办法另行制定。

(四) 市场主体退出

1. 市场主体违反国家有关法律法规、严重违反交易规则和破产倒闭的须强制退出市场,列入黑名单,不得再进入市场。退出市场的主体由省级政府或由省级政府授权的部门在目录中删除,交易机构取消注册,向社会公示。

2. 市场主体退出之前应将所有已签订的购售电合同履行完毕或转让,并处理好相关事宜。

四、市场化交易

(一) 交易方式

市场交易包括批发和零售交易。在交易机构注册的发电公司、售电公司、用户等市场主体可以自主双边交易,也可以通过交易中心集中交易。拥有分布式电源或微网的用户可以委托售电公司代理购售电业务。有关交易方式另行制定。

（二）交易要求

参与交易的有关各方应符合电力市场建设的有关规定，到交易机构注册成为市场交易主体。市场有关各方应依法依规签订合同，明确相应的权利义务关系，约定交易、服务等事项。参与双边交易的买卖双方应符合交易的有关规定，交易结果应报有关交易机构备案。

（三）交易价格

放开的发用电计划部分通过市场交易形成价格，未放开的发用电计划部分执行政府规定的电价。市场交易价格可以通过双方自主协商确定或通过集中撮合、市场竞价的方式确定。参与市场交易的用户购电价格由市场交易价格、输配电价（含线损和交叉补贴）、政府性基金三部分组成。

输配电价由政府核定，暂未单独核定输配电价的地区，可按现行电网购销价差作为电力市场交易输配电价。

（四）结算方式

发电公司、电网企业、售电公司和用户应根据有关电力交易规则，按照自愿原则签订三方合同。电力交易机构负责提供结算依据，电网企业负责收费、结算，负责归集交叉补贴，代收政府性基金，并按规定及时向有关发电公司和售电公司支付电费。

五、信用体系建设与风险防范

（一）信息披露

建立信息公开机制，省级政府或由省级政府授权的部门定期公布市场准入退出标准、交易主体目录、负面清单、黑名单、监管报告等信息。市场主体在省级政府指定网站和"信用中国"网站上公示公司有关情况和信用承诺，对公司重大事项进行公告，并定期公布公司年报。

（二）信用评价

建立市场主体信用评价机制，省级政府或由省级政府授权的部门依据企业市场履约情况等市场行为建立市场主体信用评价制度，评价结果应向社会公示。建立黑名单制度，对严重违法、违规的市场主体，提出警告，勒令整改。拒不整改的列入黑名单,不得再进入市场。

(三)风险防范

强化信用评价结果应用,加强交易监管等综合措施,努力防范售电业务违约风险。市场发生严重异常情况时,政府可对市场进行强制干预。

(四)强化监管

国家能源局和省级政府应加强市场主体和交易机构的市场行为的监管,建立完善的监管组织体系,及时研究、分析交易情况和信息以及公布违反规则的行为。

六、组织实施

(一)分步推进

在已核定输配电价的地区,鼓励社会资本组建售电公司,开展试点工作。在未核定输配电价的地区,因地制宜放开售电业务,可采取电网购销差价不变的方式开展用户直接交易。在及时对改革试点工作进行总结的基础上,逐步在全国范围内放开所有售电业务。

(二)加强组织指导

国家发展改革委、工业和信息化部、财政部、环境保护部、国家能源局等有关部门加强与试点地区的联系与沟通,通力合作、密切配合,切实做好售电侧改革试点相关工作。各省级政府要高度重视,加强领导,建立健全工作机制,全面负责本地区改革试点工作,协调解决改革工作中的重大问题。

试点地区要按照电力体制改革总体部署,编制工作方案、配套细则,报国家发展改革委、国家能源局备案。要对改革试点情况定期总结,及时上报,推动改革不断深入。国家发展改革委会同国家能源局要对全国试点地区改革工作总体情况进行及时总结,宣传典型做法,推广改革成功经验。

(三)强化监督检查

国家发展改革委、国家能源局会同有关部门及时掌握试点地区改革动态,加强指导、协调和督促检查,依据相关法律法规和监管要求对售电市场公平竞争、信息公开、合同履行、合同结算及信用情况实施监管。对改革不到位或政策执行有偏差的及时进行纠正,防止供应侧和需求侧能耗、排放双增高。

试点地区要及时检查指导各项试点探索工作。对在改革过程中出现的新情况、新问题,要积极研究探索解决的办法和途径,重大问题及时报告,确保改革的顺利进行。

建立电力交易督查机制,对各类准入交易企业的能耗、电耗、环保排污水平定期开展专项督查,及时查处违规交易行为,情节严重的要追究相关责任。

国家能源局派出机构和省级有关部门依据相关法律法规,对市场主体准入、电网公平开放、市场秩序、市场主体交易行为、电力普遍服务等实施监管,依法查处违法违规行为。

附件八

关于加强和规范燃煤自备电厂监督管理的指导意见

派出为贯彻落实《中共中央国务院关于进一步深化电力体制改革的若干意见》（中发〔2015〕9号）精神，加强和规范燃煤自备电厂监督管理，现提出如下意见：

一、重要意义

燃煤自备电厂（以下简称"自备电厂"）是我国火电行业的重要组成部分，在为工业企业生产运营提供动力供应、降低企业生产成本的同时，还可兼顾周边企业和居民用电用热需求。随着自备电厂装机规模持续扩大和火电行业能效、环保标准不断提高，进一步加强和规范自备电厂监督管理，逐步推进自备电厂与公用电厂同等管理，有利于加强电力统筹规划，推动自备电厂有序发展；有利于促进清洁能源消纳，提升电力系统安全运行水平；有利于提高能源利用效率，降低大气污染物排放；有利于维护市场公平竞争，实现资源优化配置。

二、基本原则

坚持统筹规划的原则。强化电力发展规划的引领约束作用，统筹能源资源和市场需求，科学规划建设自备电厂。

坚持安全可靠的原则。严格执行电力行业相关规章，提升自备电厂运行水平，维护电力系统安全稳定运行。

坚持节能减排的原则。严格新建机组能效、环保准入门槛,落实水资源管理"三条红线"控制指标。持续升级改造和淘汰落后火电机组,切实提升自备电厂能效、环保水平。

坚持公平竞争的原则。执行统一的产业政策和市场规则,推动自备电厂成为合格市场主体,公平参与市场交易。

坚持科学监管的原则。构建"规划、政策、规则、监管"协调一致的监管体系,强化对自备电厂的监督管理,维护电力建设运行秩序。

三、强化规划引导,科学规范建设

(一)统筹纳入规划。新(扩)建燃煤自备电厂项目(除背压机组和余热、余压、余气利用机组外)要统筹纳入国家依据总量控制制定的火电建设规划,由地方政府依据《政府核准的投资项目目录》核准,禁止以各种名义在总量控制规模外核准。

(二)公平参与优选。新(扩)建燃煤自备电厂要符合国家能源产业政策和电力规划布局要求,与公用火电项目同等条件参与优选。京津冀、长三角、珠三角等区域禁止新建燃煤自备电厂。装机明显冗余、火电利用小时数偏低地区,除以热定电的热电联产项目外,原则上不再新(扩)建自备电厂项目。

(三)科学规范建设。自备电厂要按照以热定电、自发自用为主的原则合理选择机型和装机规模。开工建设前要按规定取得核准文件和必要的支持性文件,建设过程中要严格执行火电建设相关产业政策和能效、水效、环保、安全质量等各项标准。严禁未批先建、批建不符及以余热、余压、余气名义建设常规燃煤机组等违规行为。禁止公用电厂违规转为企业自备电厂。

(四)做好电网接入。电网企业应对符合规定的自备电厂无歧视开放电网,做好系统接入服务。并网自备电厂应按要求配置必要的继电保护与安全自动装置以及调度自动化、通信和电量计量等设备,切实做好并网安全等相关工作。鼓励有条件并网的自备电厂按自愿原则并网运行。

四、加强运行管理，参与辅助服务

（一）加强运行管理。并网自备电厂要严格执行调度纪律，服从电力调度机构的运行安排，合理组织设备检修和机组启停。全面落实电力行业相关规章和标准，进一步加强设备维护，做好人员培训，主动承担维护电力系统安全稳定运行的责任和义务。

（二）参与辅助服务。并网自备电厂要按照"两个细则"参与电网辅助服务考核与补偿，根据自身负荷和机组特性提供调峰等辅助服务，并按照相关规定参与分摊，获得收益。

五、承担社会责任，缴纳各项费用

（一）承担社会责任。企业自备电厂自发自用电量应承担并足额缴纳国家重大水利工程建设基金、农网还贷资金、可再生能源发展基金、大中型水库移民后期扶持基金和城市公用事业附加等依法合规设立的政府性基金以及政策性交叉补贴，各级地方政府均不得随意减免或选择性征收。

（二）合理缴纳备用费。拥有并网自备电厂的企业应与电网企业协商确定备用容量，并按约定的备用容量向电网企业支付系统备用费。备用费标准分省统一制定，由省级价格主管部门按合理补偿的原则制定，报国家发展改革委备案。向企业自备电厂收取的系统备用费计入电网企业收入，并由政府价格主管部门在核定电网企业准许收入和输配电价水平时统筹平衡。随着电力市场化改革逐步推进，探索取消系统备用费，以市场化机制代替。

六、加强综合利用，推动燃煤消减

（一）加强综合利用。鼓励企业回收利用工业生产过程中产生可利用的热能、压差以及余气等建设相应规模的余热、余压、余气自备电厂。此类项目不占用当地火电建设规模，可按有关规定减免政策性交叉补贴和系统备用费。

（二）鼓励对外供热供电。余热、余压、余气自备电厂生产的电力、热力，在满足所属企业自身需求的基础上，鼓励其按有关规定参与电力交易并向周边地区供热。

（三）推动燃煤消减。推动可再生能源替代燃煤自备电厂发电。在风、光、水等资源富集地区，采用市场化机制引导拥有燃煤自备电厂的企业减少自发自用电量，增加市场购电量，逐步实现可再生能源替代燃煤发电。

七、推进升级改造，淘汰落后机组

（一）推进环保改造。自备电厂应安装脱硫、脱硝、除尘等环保设施，确保满足大气污染物排放标准和总量控制要求，并安装污染物自动监控设备，与当地环保、监管和电网企业等部门联网。污染物排放不符合环保要求的自备电厂要采取限制生产、停产改造等措施，限期完成环保设施升级改造。对于国家要求实施超低排放改造的自备燃煤机组，要在规定期限内完成相关改造工作。鼓励其他有条件的自备电厂实施超低排放改造。

（二）提高能效水平。自备电厂运行要符合相关产业政策规定的能效标准要求。供电煤耗、水耗高于本省同类型机组平均水平 5 克/千瓦时、0.5 千克/千瓦时及以上的自备燃煤发电机组，要因厂制宜，实施节能节水升级改造。

（三）淘汰落后机组。对机组类型属于《产业结构调整目录》等相关产业政策规定淘汰类的，由地方政府明确时间表，予以强制淘汰关停。能耗和污染物排放不符合国家和地方最新标准的自备电厂应实施升级改造，拒不改造或不具备改造条件的由地方政府逐步淘汰关停。淘汰关停后的机组不得转供电或解列运行，不得易地建设。主动提前淘汰自备机组的企业，淘汰机组容量和电量可按有关规定参与市场化交易。

八、确定市场主体，参与市场交易

（一）确定市场主体。满足下列条件的拥有并网自备电厂的企业，可成为合格发电市场主体。

1. 符合国家产业政策，达到能效、环保要求；

2. 按规定承担国家依法合规设立的政府性基金，以及与产业政策相符合的政策性交叉补贴；

3. 公平承担发电企业社会责任;

4. 进入各级政府公布的交易主体目录并在交易机构注册;

5. 满足自备电厂参与市场交易的其他相关规定。

(二)有序参与市场交易。拥有自备电厂的企业成为合格发电市场主体后,有序推进其自发自用以外电量按交易规则与售电主体、电力用户直接交易,或通过交易机构进行交易。

(三)平等参与购电。拥有自备电厂但无法满足自身用电需求的企业,按规定承担国家依法合规设立的政府性基金,以及与产业政策相符合的政策性交叉补贴后,可视为普通电力用户,平等参与市场购电。

九、落实责任主体,加强监督管理

(一)明确主体责任。拥有自备电厂的企业,要承担加强和规范自备电厂管理的主体责任,强化自备电厂内部管理,严格执行能效、环保标准,切实维护电力系统安全稳定运行,公平承担社会责任。

(二)加强组织协调。各省级发改(能源)、经信(工信)、价格、环保等相关部门以及国家能源局派出机构要进一步明确责任分工,加强协调,齐抓共管,形成工作合力,确保自备电厂规范有序发展。

(三)开展专项监管。国家能源局会同有关部门按规定开展自备电厂专项监管和现场检查,形成监管报告,对存在的问题要求限期整改,将拒不整改的企业纳入黑名单,并向社会公布。

(四)强化项目管理。各省级能源主管部门要进一步加强对本地区新(扩)建自备电厂项目的管理。国家能源局及其派出机构要加强对未核先建、批建不符、越权审批等违规建设项目及以余热、余压、余气名义建设常规燃煤机组等问题的监管,一经发现,交由地方能源主管部门责令其停止建设,并会同相关部门依法依规予以处理。

(五)规范运行改造。各省级发改(能源)、经信(工信)、环保等主管部门会同国家能源局派出机构,按照职责分工对燃煤自备电厂安全生产运行、节能减排、淘汰落后产能等工作以及余热、余压、余气自备电厂运行中的弄虚作假行为开展有效监管。对安全生产运行不合规,能效、环保指标不达标,未按期开展升级改造和淘汰落后等工作的自备电厂,要依法依规予以严肃处理,并视情况限批其所属企业新建项目。

(六)加强监督检查。财政部驻各省(区、市)监察专员办事处加强对拥有自备电厂企业缴纳政府性基金情况的监督检查。各省级价格、能源主管部门及国家能源局派出机构加强对拥有自备电厂缴纳政策性交叉补贴情况的监督检查。对存在欠缴、拒缴问题的,要通报批评、限期整改,并依法依规予以处理。

参 考 文 献

[1] David M. Newbery. 1999,《网络型产业的重组与规制》,人民邮电出版社,2002 年版。

[2] Jean-Michel Glachant and Dominique Finon:《为什么欧盟的电力行业仍是不同的:一个新的制度分析》,《制度、契约与组织》,经济科学出版社,2003 年版,第 366—389 页。

[3] J.卡布尔:《产业经济学前沿问题》,中国税务出版社,2000 年版。

[4] 奥利弗·E.威廉姆森:《反托拉斯经济学》,经济科学出版社,2000 年版。

[5] 奥利弗·E.威廉姆森:《资本主义经济制度》,商务印书馆,2002 年版。

[6] 戴维·M.纽伯里:《网络型产业的重组与规制》,人民邮电出版社,2002 年版。

[7] 丹尼尔·F.史普博:《管制与市场》,上海三联书店,上海人民出版社,2003 年版。

[8] 丹尼斯·卡尔顿,杰弗里·佩罗夫:《现代产业组织》,上海三联书店,上海人民出版社,1998 年版。

[9] 多纳德海,德里克·莫瑞斯:《产业经济学与组织》,经济科学出版社,2001 年版。

[10] 弗兰克·H.奈特:《风险、不确定性与利润》,商务印书馆,2006 年版。

[11] 国家电力监管委员会:《电力改革概览与电力监管能力建设》,中国水利水电出版社,2006 年版。

[12] 季红:《我国电力体制改革的动因及模式比较》,《改革》,2001 年第 6 期。

[13] 肯尼思·W.克拉克森,罗杰·勒鲁瓦·米勒:《产业组织:理论、证据和公共政策》,上海三联书店,上海人民出版社,1989 年版。

[14] 马西莫·莫塔:《竞争政策——理论与实践》,上海财经大学出版社,2006 年版。

[15] 马歇尔:《经济学原理》,商务印书馆,1997 年版。

[16] 默里·L.韦登鲍姆:《全球市场中的企业与政府》,上海三联书店,上海人民出版社,

2006年版。

[17] 乔治·J. 施蒂格勒:《产业组织》,上海三联书店,上海人民出版社,2006年版。

[18] 乔治·J. 施蒂格勒:《产业组织与政府管制》,上海三联书店,上海人民出版社,1996年版。

[19] 让-雅克·拉丰,大卫·马赫蒂摩:《激励理论》,中国人民大学出版社,2002年版。

[20] 让-雅克·拉丰,让·梯若尔:《政府采购与规制中的激励理论》,上海三联书店,上海人民出版社,2004年版。

[21] 萨莉·亨特:《电力市场竞争》,中信出版社,2004年版。

[22] 斯蒂芬·马丁:《高级产业经济学》,上海财经大学出版社,2003年版。

[23] 泰勒尔:《产业组织理论》,中国人民大学出版社,1997年版。

[24] 亚当·斯密:《国民财富的性质和原因的研究》,商务印书馆,2004年版。

[25] 张昕竹,让·拉丰,安·易斯塔什:《网络产业:规制与竞争理论》,社会科学文献出版社,2000年版。

[26] Amstrong M., S. Cowan and J. Vikers. 1994, Regulation Reform: Economics Analysis and British Experience, Cambridge: The MIT Press.

[27] Arrow, Kenneth J. 1975, Vertical Integration and Communicaiton, Bell Journal of Economics, 6(1), 173—183.

[28] Bailey, Elizabeth E. 1981, Contestability and the Design of Regulatory and Antitrust Policy, American Economic Review, 71(2), 178—183.

[29] Bailey, Elizabeth E. and John C. Panzar. 1981, The Contestability of Airline Markets During the Transition to Deregulation, Law and Contemporary Problems, 44(1), 125—145.

[30] Bain, Joe S. 1941, The Profit Rate as a Measure of Monopoly Power, Quarterly Journal of Economics, 55(1), 272—292.

[31] Bain, Joe S. 1949a, Price and Production Policies, In Howard S. Ellis(ed), A Survey of Contemporary Economics, Philadelphia: The Blakiston Company, 129—173.

[32] Bain, Joe S. 1949b, A Note on Pricing in Monopoly and Oligopoly, American Economic Review, 39(1), 448—469.

[33] Bain, Joe S. 1950, Workable Competition in Oligopoly, American Economic Review, 40, 35—47.

[34] Bain, Joe S. 1951, Relation of Profit Rate to Industry Concentration: American Manu-

facturing, 1936—1940, Quarterly Journal of Economics, 65(3), 293—324.

[35] Bain, Joe S. 1956, Barriers to New Competition, Cambridge, MA: Harvard University Press.

[36] Bain, Joe S. 1959, Industrial Organization, John Wiley & Sons.

[37] Baumol, William J. 1982, Contestable Markets: An Uprising in the Theory of Industry Structure, American Economic Review, 72(1), 1—15.

[38] Baumol, William J. 1983, Pricing Issues in the Deregulation of Railroad Rates, In Economic Analysis of Regulated Markets, ed. Jorg Finsinger, New York: St Martin's Press.

[39] Baumol, William J., John C. Panzar and Robert D. Willig. 1982, Contestable Markets and the Theory of Industry Structure, New York: Harcourt Brace Jovanocidh, Inc.

[40] Baumol, William J. 1982, Contestable Markets: An Uprising in the Theory of Industry Structure: Reply, American Economic Review, 73(3), 491—496.

[41] Brozen Yale. 1970, The Antitrust Task Force Recommendation for Deconcentration, Journal of Law and Economics, 13(2), 279—292.

[42] Brozen Yale. 1971, Bain's Concentration and Rates of Return Revisited, Journal of Law and Economics, 14, 352—353.

[43] Casson, Mark. 1984, The theory of Vertical Integration: a Survey and Synthesis, Journal of Economic Studies, 11(2), 3—43.

[44] Chamberlin, Edward H. 1933, The Theory of Monopolistic Competition, Cambridge, MA: Harvard University Press.

[45] Chandler, Alfred D. 1962, Strategy and Structure: Chapters in the History of Industrial Enterprise, Cambridge, MA: The MIT Press.

[46] Chandler, Alfred D. 1977, The Visible Hand: The Managerial Revolution in American Business, Cambridge, MA: Harvard University Press.

[47] Cheung, S. 1983, The Contractual Nature of the Firm, Journal of Law and Economics, 26(1), 1—22.

[48] Clark, J. M. 1940, Toward a Concept of Workable Competition, American Economic Review, 30 (2), 241—256.

[49] Coase, Ronald H. 1937, The Nature of the Firm, Economica 4.

[50] Collins, Norman R., Prestion Lee E. 1969, Price-Cost Margins and Industry Struc-

ture, Review of Economics and Statistics, 51, 271—286.

[51] Cowling, K. and M. Waterson. 1976, Price-Cost Margins and Market Structure, Economica, 43,267—274.

[52] Demsets,Harold 1973, Industry Structure, Market Rivalry, and Public Policy, Journal of law and Economics, 16(1), 1—9.

[53] Demsetz, Harold. 1974, Two System of Belief about Monopoly, In Harver J. Goldschmid, H. Michael Mann, and J. Fred Weston(eds), Industrial Concentratin: The New Learning, Boston: Little, Borown.

[54] Demsetz, Harold. 1982, Barriers To Entry, American Economic Review, 72 (1), 47—57.

[55] Djankove S, Glaeser E. , La Porta R. , et al. 2003, The New Comparative Economics, Journal of Comparative Economics, 31: 595—619.

[56] Farrell,Joseph and Carl Shapiro. 1990a, Horizontal Mergers: an Equlibrium Analysis, American Economic Review, 80(1), 107—126.

[57] Farrell,Joseph and Carl Shapiro. 1990b, Asset Ownership and Market Structure in Oligopoly, Rand Journal of Economics, 21(2), 275—292.

[58] Glaeser E, Shleifer A. 2003, The Rise of the Regulatory State. Journal of Economic Literature, 41(2): 401—425.

[59] Green, Richard J. 1996, Increasing Competition in the British Electricity Spot Market, Journal of Industrial Economics, June, 205—216.

[60] Green, Richard J. and David M. Newbery. 1992, Competition in the British Electricity Spot Market, Journal of Political Economy, 100(5), 929—953.

[61] Harvey, Scott, William Hogan, and Susan Pope. 1996, Transmission Capacity Reservations Implemented Through a Spot Market With Transmission Congestion Contracts, Electricity Journal, 9(9), 42—55.

[62] Hogan, William. 1992, Contract Networks for Electric Power Transimmition, Journal of Regulatory Economics, 4(3), 211—242.

[63] Hogan, William. 1993, Markets in Real Networks Require Reactive Prices, Energy Journal, 14(3), 171—200.

[64] Hunt, Sally, and Graham Shuttleworth. 1996, Competition and Choice in Electricity,

West Sussex, Engl. : Wiley.

[65] John Cable: Current Issues in Industrial Economics, the Macmillan Press LTD, 1994.

[66] Joskow, Paul L. 1985, Vertical Integration and Long-Term Contracts: The Case of Coal-Burning Electric Generating Plants, Journal of Law, Economics and Organization, 1, 33—80.

[67] Joskow, Paul L. 1989, Regulatory Failure, Regulatory Reform and Structural Change in the Electric Power Industry, Brookings Papers on Economic Activity: Microeconomics, 125—199.

[68] Joskow, Paul L. 1990, The Performance of Long-Term Contracts-Further Evidence from Coal Markets, The American Economic Review, 77, 168—185.

[69] Joskow, Paul L. 1996a, Introducing Competition in Network Industries: From Hierarchies to Markets in Electricity, Industrial and Corporate Change, 5(2), 341—382.

[70] Joskow, Paul L. 1996b, Comments on Power Struggles: Explaining Deregulatory Reforms in Electricity Markets, Brookings Papers on Economic Activity: Microeconomics, 251—264.

[71] Joskow, Paul L. 1997, Restructuring, Competition and Regulatory Reform in the U. S. Electricity Sector, The Journal of Economic Perspectives, 11(3), 119—138.

[72] Joskow, P. L. and R. Schmalensee. 1983, Markets for Power, Cambridge: An Analysis of Electric Utility Deregulation, Cambridge: MIT Press.

[73] Joskow, P. L. and R. Schmalensee. 1986, Incentive Regulation for Electric Utilities, Yale Journal on Regulation, 4(1), 1—49.

[74] Kahn, A. E. 1970, The Theory of Regulation: Principles and Institutions, New York: Wiley.

[75] Kahn, E. 1994, Regional Transmission Groups: How Should They Be Structured and What Should They Do? in M. Einhorn, 237—256.

[76] Kahn, E. 1997, Bingding Constraints on Electricity Restructuring: An Inventory, San Francisco: NBER.

[77] Laffont, J. J. and J. Tirole. 1996, Creating Competition through Interconnection: Theory and Pracitce, Journal of Regulatory Economics, 29, 227—256.

[78] Mason, Edward S. 1939, Price and Production Policies of Larege-Scale Enterprise,

The American Economic Reviw, 29(1).

[79] Meyer, John R. et al. 1959, The Economics of Competition in the Transportation Industries, Cambridge: Harv ard University Press.

[80] Meyer, John R., and William B. Tye. 1985, The Regulatory Transition, The American Economic Review, 75(2), 46—51.

[81] Meyer, John R., and William B. Tye. 1988, Toward Achieving Workable Competition in Industries Undergoing a Transition to Deregulation, Yale Journal on Regulation, 5(2), 273—297.

[82] Morrison, Steven A., and Clifford Winston 1987, Empirical Implications and Tests of the Contestability Hypothesis, Journal of Law and Economics, 30, 53—66.

[83] Newbery, David. 1995, Power Markets and Market Power, Energy Journal, 16(3), 39—66.

[84] Neale and Goyder. 1982, The Antitrnst Lows of the United State.

[85] Ordover, Janusz A., Garth Saloner, and Steven Salop. 1990, Equilibrium Vertical Foreclosure, The American Economic Review, 80(1), 127—142.

[86] Panzar, John C. and Robert D. Willig. 1981, Economies of Scope, The American Economic Review, 71(2), 268—272.

[87] Peltzman, Sam. 1969, Profit Data and Public Policy, In J. Fred Weston and Sam Peltzman (eds.), Public Policy Toward Mergers, Pacific Palisades, CA:Goodyear Publishing, 128—136.

[88] Posner, Richard A. 1969, Natural Monopoly and its Regulation, Stanford Law Review (Feb.),548—643.

[89] Posner, Richard A. 19759, The Social Costs of Monopoly and Regulation, Journal of Political Economy,83(4), 807—827.

[90] Posner, Richard A. 1979, The Chicago School of Antitrust Analysis, University of Pennsylvania Law Review, 127, 925—948.

[91] Rey, Patrik and Jean Tirole 1986, The Logic of Vertical Constraints, The American Economic Review, 76(5), 921—939.

[92] Salinger, Michael A. 1988, Vertical Mergers and Market Foreclosre, Quarterly Journal of Economics, 103(2), 345—356.

[93] Sannelson, Pannl A., William D. Nordhars. 1998, Economics, 16th edition, McGraw-

Hill.

[94] Scherer, F. M. 1970, Industrial Market Structure and Economic Performance, Chicago: Rand-McNally.

[95] Shleifer A. 2005, Understanding Regulaiton. European Financial Management, 11(4): 439—451.

[96] Schmalensee, Richard. 1973, A Note on the Theory of Vertical Integration, Journal of Political Economy, 81(2), 442—449.

[97] Schmalensee, Richard. 1981, Economies of Scale and Barriers to Entry, Journal of Political Economy, 89(6), 1228—1238.

[98] Schmalensee, Richard 1992, Sunk Costs and Market Structure: a Review Article, Journal of Industrial Economics, 40, 125—134.

[99] Schmalensee, Richard and Willig, Robert. 1989, Handbook of Industrial Organization, Amsterdam: North-Holland.

[100] Shepherd, William G. 1972, The Elements of Market Structure, Review of Economics and Statistcs, 54(1), 25—37.

[101] Shepherd, William G. 1988, Competition, Contestability, and Transport Mergers, International Journal of Transport Economics, 15(2), 113—128.

[102] Stigler, Goerge J. 1957, Perfect Competition, Historically Contemplated, The Journal of Political Economy, 65.

[103] Stoft, Steven 1997, What Should a Power Marketer Want? Electricity Journal, 10(5), 34—45.

[104] Tye, William B. 1990, The Theory of Contestable Markets: Application to Regulatory and Antitrust Problems in the Rail Industry, Greenwood Press.

[105] U. S. Energy Information Administration, Electric Power Annnal 1995, Volume, p. 39.

[106] Vikers, John. 1989, The Nature of Costs and the Number of Firms at Cournot Equilibrium, International Journal of Industrial Organization, 7(4), 503—509.

[107] von der Fehr, Nils-Henrik Morch, and David Harbord. 1993, Spot Market Competition in the UK Electricity Industry, Economic Journal, 103, 531—546.

[108] von Weizsacker, C. C. 1980, A Welfare Analysis of Barrers to Entry, Bell Journal

of Ecnomics, 11(2), 399—420.

[109] White, Mather 1996, Power Struggles: Explaining Deregulatory Reforms in Electricity Markets, Brookings Papers on Economic Activity: Microeconomics, 201—250.

[110] Weidenbaum, 1999, Business and Government in the Global Marketplace, Prentice Hall. inc.